Gana dinero en bolsa como inversor particular

David Blanco Galisteo

Título: Gana dinero en bolsa como inversor particular
© 2017, David Blanco Galisteo
©1ª edición
Todos los derechos reservados

Contenido

Presentación 7

Objetivo del libro 11

Capítulo 1: Un supermercado de las mejores empresas del mundo 13

Capítulo 2: Gestiona tu dinero como un inversor particular 19

Capítulo 3: No intentes predecir 21

Capítulo 4: Invierte a Largo Plazo 25

Capítulo 5: Evita las empresas Commodity 31

Capítulo 6: Cuidado con los gurús financieros 35

Capítulo 7: Una mentalidad multidisciplinar 37

Capítulo 8: La lista de la compra 39

Capítulo 9: Las ampliaciones de capital 41

Capítulo 10: Busque la simplicidad 43

Capítulo 11: Crecimiento del mercado 47

Capítulo12: Inelasticidad en el precio 51

Capítulo 13: Una ventaja injusta 55

Capítulo 14: Volatilidad, análisis técnico y ventas en corto 61

Capítulo 15: No caer en el sesgo del retrovisor 65

Capítulo 16: Empresas que recompran acciones de forma habitual 69

Capítulo 17: ¿Qué ocurre cuando las mejores empresas del mundo están caras? 73

Capítulo 18: ¿Es cada vez más difícil invertir a largo plazo? 77

Capítulo 19: Tamaño ideal de una empresa 83

Capítulo 20: Invertir en empresas poco intensivas en capital 87

Capítulo 21: Mercados segmentados 89

Capítulo 22: Mercados de competencia monopolística 91

Capítulo 23: Ingresos recurrentes y alta retención de clientes 93

Capítulo 24: La empresa más exitosa del mundo y los mejores sectores .. 95

Capítulo 25: Fondos de inversión e inversión pasiva 101

Conclusión 105

Agradecimientos y Contacto 107

Bibliografía recomendada 109

Presentación

Mi nombre es David Blanco Galisteo y soy un apasionado del mundo de la inversión. He decidido escribir este libro para intentar ayudar a otros inversores que estén comenzando a gestionar sus ahorros. En primer lugar, me gustaría hablaros de mis orígenes y del nacimiento de mi interés por los mercados financieros. Todo comenzó cuando tenía 17 o 18 años. En aquel momento me encontraba en el instituto y había decidido que quería estudiar Economía en la facultad de Alcalá. Desde que era un niño observaba con curiosidad lo que hacía mi padre. Un pequeño ahorrador que invertía parte de sus ahorros en acciones. Siempre le veía pegado a la pantalla de la televisión viendo unos números que cambiaban de rojo al verde o del verde al rojo. Eran las fluctuaciones de las cotizaciones.

Terminé la selectividad y empecé la universidad. No recuerdo muy bien el motivo. Si fue por mi propia insistencia o porque mi padre pensaba que quizás podría aprender algo interesante del mundo de la bolsa para mi futura carrera como economista. El caso es que mi padre me abrió una cuenta de valores en un bróker. La primera acción que compré fue una empresa que ya no existe: Inmocaral. Era el inicio de la burbuja inmobiliaria en España, creo recordar que era el año 2003 o 2004. Mi primera operación resultó ser ganadora. Las empresas inmobiliarias en aquel momento no paraban de subir y era fácil beneficiarse de esa tendencia.

Tras esta buena experiencia continué invirtiendo. Compraba una empresa y después otra. Las acciones me duraban poco en cartera para regocijo de mi bróker. Cuantas más compras y ventas realices, más comisiones te cobran. Se puede decir que era un buen cliente para estos intermediarios financieros. Algún año llegué a contabilizar las comisiones que había gastado derivadas de esta operativa. Un año 700 euros, otro año 800 euros y así sucesivamente. En aquel entonces no manejaba mucho dinero, por lo tanto, como comprenderéis la cuantía de las comisiones era desorbitada.

Se puede decir resumiendo que no era un buen inversor. Terminé prácticamente arruinado. El poco dinero que ahorré trabajando los veranos de mozo de almacén y algo más que me había ingresado mi padre al abrirme la cuenta, prácticamente se había evaporado. El patrimonio era muy reducido y no supuso ningún drama. En aquellos días estaba interesado en una disciplina llamada análisis técnico. Me pasaba horas mirando indicadores técnicos, haciendo líneas en gráficos, interpretando velas japonesas... cosas realmente extrañas. Buscaba, básicamente, enriquecerme de forma rápida. Al final, lo único que conseguí es perder el poco dinero que tenía.

Terminé mis estudios de Economía en la facultad y me encontré con un mercado laboral devastado por la crisis económica. No encontré trabajo a pesar de buscar y buscar. Lo llegué a verlo como algo imposible. Lo más doloroso a veces no es no encontrar trabajo, es la mirada de las personas que sí están trabajando y creen que "quien no trabaja es porque no quiere". En este libro me gustaría hacer un pequeño homenaje a todos aquellos jóvenes, como yo, que cayeron en la crisis económica y no pudieron encontrar un trabajo aquellos años.

Decidí que lo mejor era salir de España. En aquel momento no invertía en bolsa, dada mi mala experiencia anterior. Viajé a Edimburgo (Escocia) para estudiar inglés y trabajar en cualquier tipo de empleo. Me fui sin conocer a nadie, como se suele decir completamente a la aventura. Fue una gran experiencia y terminé haciendo muchos amigos. Acabé trabajando en una fábrica de galletas a las afueras de Edimburgo.

Meses después decidí regresar a España. Terminé trabajando en diversos trabajos temporales y dando clases particulares por mi cuenta. Retomé mi gran pasión, la inversión en bolsa, pero lo hice desde otro enfoque. Olvidé todo lo que había aprendido en la facultad de economía y lo que había escuchado de ciertos gurús bursátiles. Pensé que la mejor alternativa era formarme. Comencé a leer decenas de libros de diferentes temáticas que pudieran ayudarme a convertirme en un mejor inversor. En un primer momento, leí todos los clásicos del Value Investing: El Inversor Inteligente, Security Analysis, Acciones Ordinarias y Beneficios Extraordinarios... Posteriormente comencé a leer libros de Psicología, Behavioral Finance, Historia, Negocios, Marketing... Se puede decir que me convertí en un gran autodidacta.

El especulador de corto plazo dejó paso al inversor fundamental de largo plazo. Terminé comprendiendo que detrás de las acciones que cotizan en los mercados, hay empresas. Si quieres tener éxito en la inversión tienes que entender las compañías en las que inviertes.

En la bolsa se encuentran muchas de las mejores empresas del mundo, pero también auténticas trampas de valor. Acciones donde se puede perder todo el dinero invertido.

La bolsa puede convertirse para el inversor con ciertos conocimientos en un auténtico supermercado donde comprar algunos de los mejores negocios del mundo. No hay mejor lugar que la bolsa para rentabilizar los ahorros de un pequeño inversor. Espero enseñar algunas de las claves para aprender a seleccionar este tipo de negocios. Cualquiera tiene la capacidad de hacerlo.

Gracias a estos conocimientos he conseguido unas rentabilidades muy interesantes durante estos años. En la actualidad tengo 33 años y estoy cada día más cerca de la independencia financiera, de la que hablaré más adelante.

Me gustaría dedicar el libro a mis padres que fueron los que pagaron mi educación. Sin ellos no habría podido escribirlo.

Objetivo del libro

Este libro va dirigido a todo aquel que tenga intención de gestionar su dinero o ya lo haga en estos momentos. Los 15 años de experiencia como inversor me han dado para acumular muchas enseñanzas que le pueden ser útiles para evitar algunos de mis errores. Este libro no es una guía aburrida donde explico las diferencias entre la renta fija y variable, o bien las bondades del tipo de interés compuesto. Para eso hay cientos de guías y manuales en Internet. El objetivo fundamental de este libro es enseñar a invertir con mayúsculas. El libro habrá tenido éxito si, cuándo lo termines, eres capaz de distinguir las buenas empresas de las mediocres y conocer cuándo sería el momento idóneo para invertir en ellas.

Capítulo 1: Un supermercado de las mejores empresas del mundo.

El título del libro refleja cómo veo la bolsa en estos momentos. Para mí sería como un supermercado donde comprar acciones de algunas de las mejores empresas del mundo. Cuando descubro un buen negocio, bien gestionado y con buenas perspectivas, experimento el mismo placer que un amante de la pintura cuando observa un buen cuadro por primera vez.

La interpretación de la realidad depende de la persona que la observe. Mi forma de ver los mercados financieros es completamente diferente a la de la gran mayoría de la población. Los españoles de forma generalizada ven la bolsa como un casino. Tener tus ahorros invertidos en acciones es más o menos similar a jugar al póker o a la ruleta. Esta idea, equivocada, hace que la mayor parte de los ahorradores no invierta en acciones. Es demasiado arriesgado y las ganancias que obtengas son producto del azar.

Me sorprende ver cómo millones de españoles siguen invirtiendo en depósitos al 0%. También aquellos que tienen una cantidad de dinero excesiva en liquidez que no van a necesitar. La creencia general es que estos activos no tienen riesgo, cuando no es cierto. El dinero en efectivo está expuesto al peligro de una época de alta inflación que provoque la pérdida de su valor. La inflación ha sido un fenómeno recurrente que ha aparecido en algún momento en todos los países del mundo. En los últimos años ha sido relevante en varios países de Sudamérica. El hecho de que en España y en la zona euro no haya ocurrido desde hace muchos años, no significa que no vuelva a haber periodos con una inflación significativa.

Volatilidad no es sinónimo de riesgo

Gran parte de la población cree que los mercados financieros son arriesgados porque son volátiles. Que los precios de las acciones fluctúen no quiere decir que tus ahorros estén en peligro. Sólo estarían comprometidos cuando, guiado por el miedo, vendas tras un pánico inversor. Un ahorrador con una perspectiva de largo plazo no tendría que tener ningún problema con la volatilidad. El riesgo se encuentra en la probabilidad de una pérdida irreparable en tu poder adquisitivo.

Teniendo claro lo anterior, podemos ver alternativas más interesantes que el 0-1% que te ofrece el banco por tus ahorros. Simplemente sin salir de España se puede formar una cartera de acciones que dé una media de un 4-5% de rentabilidad. Todo ello limitándose a las 200 empresas cotizadas españolas, sin nombrar a las miles que cotizan en todo el mundo. Empresas como Bolsas y Mercados, Red Eléctrica Española o Enagás. Son compañías que reparten a sus accionistas un 4-5% de dividendo. Prácticamente no tienen competencia y actúan como monopolios. Es muy probable que dentro de 10 o 20 años estas empresas continúen operando con la misma salud financiera de la que gozan hoy en día. Son inversiones muy defensivas y seguras, el riesgo intrínseco es realmente bajo. Como descubrirás más adelante hay opciones todavía más interesantes para invertir tu dinero. Era una primera aproximación para mostrar alternativas mejores que las ofrecidas por los bancos.

No se queje, invierta

Es habitual escuchar en las conversaciones familiares o en las producidas en un bar quejas acerca de los empresarios. Por ejemplo en ocasiones se suele decir que explotan a los trabajadores. Otras veces se defiende que las grandes multinacionales disponen de ventajas y facilidades que no tiene un pequeño empresario o autónomo.

Normalmente suele ser más productivo tomar la iniciativa que quejarse. En muchas ocasiones nos quejamos demasiado de nuestra vida, yo el primero. El trabajo, la familia, los amigos… Siempre hay un motivo para quejarse. No digo que en ocasiones estén completamente justificadas, simplemente creo que no es la actitud más productiva en general. En el caso que nos ocupa, me hago la siguiente pregunta: ¿por qué quejarse del empresario si nosotros también podemos ser empresarios y poseer acciones de esos negocios que tanto criticamos?

La mayor parte de las grandes multinacionales cotizan en los mercados públicos de acciones. Quizás no sería mala idea comprar acciones y disfrutar de esas ventajas injustas, en forma de dividendos e incremento constante de los beneficios.

Un inversor con un enfoque correcto es más parecido a un empresario de lo que pudiera parecer en un principio. La única diferencia con un empresario al uso es que el inversor delega la dirección de la empresa a otras personas que ejercen esa labor.

Emprender está sobrevalorado respecto a invertir en bolsa

Con lo que quiero decir a continuación no quiero criticar al emprendimiento. Me parece clave en cualquier país. Ojalá muchas más personas crearan una empresa. Eso sería sinónimo de más trabajo para el país. Uno de los problemas de España en estos momentos es que muy poca gente emprende, y los que lo hacen suelen tener muchas trabas de todo tipo: administrativas, crediticias... Siento admiración por los autónomos y pequeños empresarios que arriesgan su patrimonio para prosperar o perseguir un sueño.

Dicho todo lo anterior, en ocasiones el emprendimiento está sobrevalorado con respecto a la inversión en empresas a través de los mercados financieros. Este hecho está relacionado con la opinión mayoritaria acerca de que los mercados son similares a los juegos de azar.

Muchas personas piensan que emprender un negocio como un bar o una tienda de alimentación es menos arriesgado que invertir en bolsa. Este pensamiento suele ser erróneo. En los mercados financieros coexisten diferentes tipos de empresas. Unas de una enorme calidad, donde invertir es sinónimo de mantener el capital e incrementarlo en el futuro. Otras mal gestionadas, con problemas de deuda y que adolecen de una baja calidad. Uno de los objetivos de este libro es aprender a diferenciar estas dos tipologías de empresas.

Vamos a coger, en primer lugar, tres empresas de gran calidad, conocidas además por todos. Coca-Cola, Johnson & Johnson y Nestlé. Pensándolo fríamente, alguien puede justificar que es más arriesgado invertir en estas empresas vía acciones que montar un bar en su barrio. Estas grandes multinacionales tienen negocios que venden en todo el mundo, completamente establecidos y con ciertas barreras de entrada que les protegen de la competencia. Es infinitamente más seguro comprar acciones de Coca-Cola que montar un bar. Siento diferir respecto a la opinión generaliza del resto de españoles.

Al alcance de todo el mundo

Os voy a contar una anécdota personal de hace algún tiempo y que demuestra que no hay que ser un genio para identificar estos grandes negocios. En aquel año acababa de cumplir 16 y habían abierto un McDonald's en mi ciudad por primera vez. McDonald's ya llevaba años operando en España pero todavía no había llegado donde yo vivía. Un día junto con mis amigos de la adolescencia se nos ocurrió ir a comer al McDonald's. Cuando llegué al local me sorprendió verlo abarrotado. Había que esperar alrededor de 15 minutos para pedir el menú. Durante ese año fuimos alguna vez más a comer al McDonald's y siempre estaba lleno. Por aquel entonces ya me estaba empezando a interesar por el mundo de la economía y de la empresa. Pensé: "Este negocio es espectacular, los propietarios de McDonald's se deben estar forrando". En aquel momento no era consciente de que se pudiera invertir y ser propietario de un fracción de McDonald's. Simplemente fue un pensamiento fugaz, que supongo que ha pasado por la cabeza de muchas personas al ver una empresa próspera.

Creo que aquel año fue el 2001. Si hubiera comprado acciones de McDonald's aquel año, se habrían revalorizado desde 25$ que cotizaba en aquel entonces hasta los 150$ de hoy en día. Además del incremento de la cotización hay que tener en cuenta los dividendos cobrados durante todos estos años. La rentabilidad obtenida habría sido realmente elevada. Os dejo el gráfico de la cotización de McDonald's desde que tuve ese pensamiento:

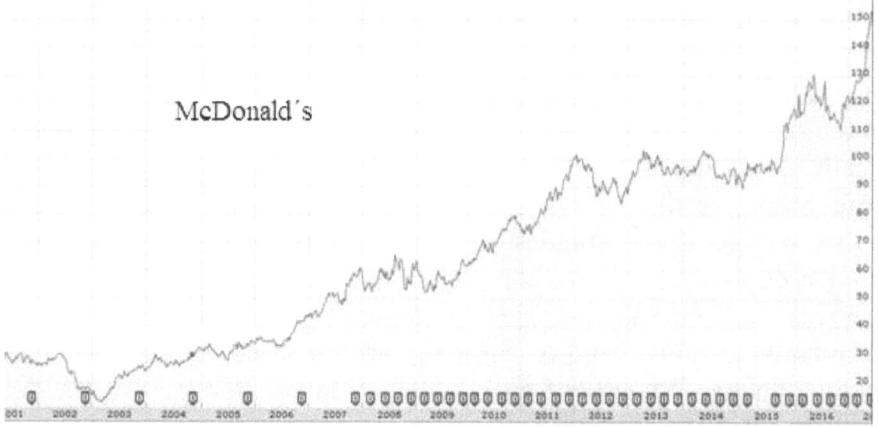

Algo similar le ocurrió a mi madre cuando visitaba las tiendas de Inditex. Se hizo asidua a comprar ropa en tiendas como Zara. Cuando llegaba a casa a veces le decía a mi padre, al que también le gusta invertir en bolsa, que comprara acciones de Inditex. Siempre veía las tiendas llenas, y como yo en su día, acababa de descubrir de casualidad una gran oportunidad de inversión. Todo ello sin saber nada de contabilidad, ni de finanzas ni de marketing. Habitualmente las mejores opciones de inversión se encuentran a nuestro alrededor. Somos consumidores de estas grandes empresas y cualquiera puede identificarlas. Mi padre no hizo caso a mi madre y dejó pasar la posibilidad de invertir en la mejor empresa española de la actualidad. Probablemente la que mayor revalorización ha obtenido en los últimos 10 años en la bolsa española.

A veces la simplicidad es más efectiva que ciertos planteamientos demasiado complejos que se nos intenta inculcar desde la industria financiera actual. Estas complejidades suelen responder a ciertos intereses creados que no van en beneficio del inversor particular.

Capítulo 2: Gestiona tu dinero como un inversor particular

Una de las grandes lecciones que debes aprender como inversor es gestionar tu dinero como lo que realmente eres. La mayor parte de los libros de inversión están escritos por gestores de fondos de inversión famosos que enseñan cómo gestionar el dinero desde un punto de vista de un gestor de fondos de inversión, no desde el punto de vista de un inversor particular. Muchas de las enseñanzas que muestran no sirven para tener éxito como inversor particular. No son una referencia válida. De ahí viene el título del libro "gana dinero en bolsa como inversor particular"

La primera diferencia importante entre un inversor particular y un gestor de fondos de inversión, es que estos últimos no deben tributar a Hacienda cuando venden una acción. Pueden entrar y salir cuando deseen de una posición, sin apenas coste. Además, las comisiones que deben soportar son inferiores a las de un inversor particular. Nosotros como inversores particulares estamos ampliamente penalizados si compramos y vendemos de forma habitual. Es decir, las reglas del juego son completamente diferentes.

Al no tener las mismas reglas del juego, un inversor particular debe invertir de una forma completamente diferente a un gestor de fondos de inversión. En primer lugar, como inversores particulares debemos poner en un lugar más importante la calidad del negocio con respecto al precio. Si son acciones que vamos a conservar durante muchos años, siempre conseguiremos una mayor rentabilidad con las mejores empresas del mundo. A lo largo del libro os daré pistas para aprender a encontrar este tipo de compañías extraordinarias. Algo que, como he dicho anteriormente, está al alcance de todo el mundo.

En segundo lugar, diría que nosotros no tenemos que justificar nuestro sueldo. Los fondos de inversión cobran unas comisiones de gestión bastante elevadas, entre un 2-3% de media. ¿Pagarías estos gastos si supieras que los gestores están de brazos cruzados sin comprar ni vender? La mayor parte de sus partícipes te diría que no. Nosotros no tenemos esa necesidad y podemos obtener resultados iguales o mejores que ellos realizando pocas compras y ventas. Una de las frases que más me gusta de Warren Buffett es: "gran parte de nuestro éxito puede atribuirse a la inactividad. La mayoría de los inversores no resisten la tentación de comprar y vender constantemente, pero la piedra angular de un buen inversor debe ser el letargo, bordeando la holgazanería"

Por este motivo muchas veces los gestores de fondos de inversión se marcan precios de salida y valoran cuánto vale una empresa. Como inversor particular tienes que olvidarte de todos estos procedimientos. Tu intención como accionista particular no debe ser salir de una empresa cuando toque una determinada valoración. Lo más inteligente para nosotros es permanecer en una empresa excelente durante muchos años. La propia dinámica de generación de beneficios, crecimiento y retribución al accionista te hará obtener un magnífico rendimiento. En los siguientes capítulos seguiré desarrollando las razones por las que defiendo este punto de vista.

Capítulo 3: No intentes predecir

Una de las premisas fundamentales en el mundo de la inversión, de las primeras lecciones que un inversor debe aprender es intentar no predecir la dirección del mercado. El ser humano no está diseñado para vislumbrar ciertos acontecimientos que son completamente impredecibles. La Economía y los mercados financieros están influidos por un sinfín de circunstancias y un inversor particular no puede saber exactamente el motivo exacto de la subida o bajada de la bolsa en un día determinado salvo en contadas excepciones.

En lo único en lo que debe centrarse un inversor es en las empresas concretas en las que quiere invertir. Cuando comiences a invertir, una de las primeras cosas que te sorprenderá es la abundancia de malas noticias económicas que aparecen en la prensa. Los medios de comunicación siempre dan una mayor importancia a lo negativo.

Ante una mala noticia lo que debes hacer es completamente contrario a lo que haría un inversor impulsivo. Un inversor, siguiendo sus impulsos más básicos, vendería cuando lo más inteligente sería comprar. El ser humano tiene una fuerte aversión al riesgo y esa es su reacción natural. Comprar acciones en una recesión o en un momento económico complicado tiene enormes ventajas. En primer lugar, te permite comprar negocios extraordinarios a precios de rebaja. En segundo lugar, ante una recesión los gobiernos actuarán con celeridad para enderezar la economía, bajarán los tipos de interés, imprimirán billetes o darán todo tipo de estímulos para calmar los ánimos. Es curioso que ante una recesión la bolsa suela recuperarse antes que la economía productiva. Esto es así porque el exceso de liquidez que ponen encima de la mesa los gobiernos normalmente aplaca a los mercados financieros, que ven cómo las cotizaciones cogen impulso y suben muchas veces de forma completamente sorprendente.

Uno de los aspectos más relevantes en los mercados financieros son los tipos de interés. Es bueno conocer cómo funcionan los tipos de interés pero no para predecir sino, simplemente, para comprender un poco mejor cómo funciona la bolsa. La alternativa más clara a las acciones son los bonos a largo plazo. Cuando los intereses son suficientemente altos, los inversores se decantan por los bonos. Si los intereses son bajos, los inversores prefieren las acciones ya que, simplemente por la rentabilidad vía dividendo, son más atractivos. Los tipos de interés son manipulados por los bancos centrales como la Reserva Federal y el Banco Central Europeo. Estos trasvases de capital explican gran parte de los movimientos alcistas y bajistas de las bolsas. Actualmente los tipos de interés están históricamente bajos, lo que hace que las acciones sean más atractivas que los bonos.

Como he dicho antes, tener una idea general de cómo funciona la economía o los mercados financieros no te deben hacer creer que eres capaz de predecir lo que va a ocurrir. En psicología financiera se suele llamar sesgo de la retrospectiva a la percepción que solemos tener al observar acontecimientos que ya han ocurrido. Los sucesos del pasado parecen evidentes una vez han ocurrido. Es imposible saber las repercusiones, la magnitud y cuándo va a ser el momento exacto en el que van a ocurrir.

En los años 2005, 2006 y 2007 muchos economistas sabíamos que en España existía una burbuja inmobiliaria. Los precios de las viviendas estaban enormemente sobrevalorados. Conocíamos este hecho que era desconocido para gran parte de la población. Era habitual escuchar: "los precios de las viviendas nunca bajan". Llevaban décadas subiendo y había mucha gente que tenía esa falsa percepción del mercado inmobiliario. A pesar de conocer este hecho fui incapaz de predecir cuándo explotó la burbuja inmobiliaria y me vi sorprendido por las enormes consecuencias económicas que tuvieron en nuestro país.

Por lo general, en una previsión económica precisa tienes un 50% de posibilidades de acertar. Nunca debes fiarte de un experto financiero por el hecho de que haya acertado dos veces seguidas. Imagina un grupo de 1000 analistas financieros. La mitad de ellos afirma que el mercado va a caer el próximo mes y la otra mitad afirma que va a subir. Al terminar el primer mes la mitad ha acertado y la otra mitad ha fallado. Al siguiente mes, de los 500 analistas que han acertado, 250 dicen que subirá y 250 que bajará. Al cabo de seis meses sólo quedarán cuatro analistas que habrán acertado la dirección del mercado en todos los meses por puro azar. La prensa económica en ese momento ensalzará a estos cuatro analistas como genios financieros. Su talento y habilidades de predicción estarán fuera de toda duda. Este experimento teórico ocurre en la realidad.

Nunca hay que olvidarse del papel que juega el azar en nuestras predicciones.

Para terminar el capítulo voy a recordar cuatro citas de tres grandes inversores y un popular filósofo chino. Keynes es conocido por su faceta como economista, pero también fue un gran inversor particular. Si los argumentos que le he expuesto con anterioridad no le convencen, al menos escuche lo que tienen que decir estas personalidades.

"Algunas de las peores decisiones empresariales que he visto en mi vida son las que tienen que ver con proyecciones futuras y descuentos. Parece que las matemáticas superiores, con su falsa sensación de precisión, nos tendrían que ayudar, pero no lo hacen. Las enseñan en las escuelas de negocios porque, en fin, algo tienen que hacer" Charlie Munger.

"Los que tienen conocimiento no predicen. Los que predicen no tienen conocimiento" Lao-Tsé.

"En mi opinión, la clave para tratar el futuro reside en saber dónde estás, incluso aunque no puedas saber hacia dónde te diriges. Saber dónde te encuentras en un ciclo y lo que ello implica para el futuro es distinto de predecir el ritmo, el alcance y la forma del movimiento cíclico" Howard Marks.

"Prefiero estar aproximadamente en lo cierto que exactamente equivocado" John Maynard Keynes.

Capítulo 4: Invierte a Largo Plazo

En el corto plazo, lo buena o mala que sea una empresa no influye en absoluto en la cotización. Las acciones suben y bajan por noticias, rumores o circunstancias diarias. La reacción psicológica a estos acontecimientos es la clave para entender estos movimientos a corto plazo.

A largo plazo, sin embargo, la calidad de la empresa es fundamental. Las buenas empresas acaban generando valor a través de dividendos, recompras de acciones o adquisiciones de otras empresas del sector. Si algo he aprendido en estos años es que los buenos inversores prefieren una compra que ofrezca una gran rentabilidad a muchas pequeñas operaciones que den pequeñas rentabilidades. Al realizar muchas operaciones estarás penalizado por los costes que debes soportar en forma de comisiones e impuestos.

Hay que cambiar la perspectiva de una que intenta obtener una revalorización de un 30% en 6 meses, a otra que intente adquirir un proyecto empresarial que en 5, 10 o 20 años reporte una rentabilidad anual compuesta de un 10 o 15%. Comprar una porción de un negocio con una gran estabilidad de resultados y con un modelo empresarial altamente predecible.

Una ganancia de un 30% en 6 meses estará penalizada de forma impositiva y no le permitirá gozar de la magia de la capitalización compuesta. La propiedad de las empresas de calidad a largo plazo tiene más valor que los posibles beneficios a corto plazo.

Las buenas empresas generan valor para los accionistas no sólo a través del reparto de dividendos. Revierten los beneficios en favor de los accionistas a través de recompras de acciones o bien incrementando el patrimonio neto de la empresa. El patrimonio neto de la empresa se puede ver incrementado a través de la adquisición de terceras empresas o invirtiendo en la propia organización (mejorando la maquinaria, expandiéndose internacionalmente…). Se suele conocer como crecimiento orgánico de una empresa a crecer en ventas sin adquirir otras empresas más pequeñas.

Las cotizaciones a corto plazo son totalmente impredecibles. Un inversor a largo plazo debe intentar mirar lo menos posible las cotizaciones. Se puede decir que simplemente es ruido producido por el mercado. A nadie que tenga una inversión inmobiliaria se le ocurre mirar todos los días su valoración. Esto ocurre básicamente porque no existe una cotización y un mercado en tiempo real que rija este tipo de inversiones. Un inversor debe actuar con sus acciones como si fuera una inversión inmobiliaria. Ganará en tranquilidad y objetividad al evitar mucho ruido producido por el mercado.

Según diversos estudios de la National Futures Association (NFA) hechos en Estados Unidos, más del 90% de los day-traders pierden dinero. La NFA es uno de los reguladores de los brókeres que venden productos derivados a corto plazo. Forex, Futuros, CFD's... La variedad de instrumentos para operar a corto plazo es inmensa. Esta operativa es muy beneficiosa para los brókeres porque genera muchas comisiones, pero es letal para un inversor particular.

Mi consejo para todo inversor es intentar jugar a un juego justo. Si calculamos las probabilidades esperadas de ganancia haciendo buy and hold, es decir, comprar y mantener obtenemos los siguientes resultados:
- Probabilidad de ganar al día → 51%
- Probabilidad de ganar al trimestre → 65%
- Probabilidad de ganar al año → 75%

Es decir, habiendo seguido una estrategia de largo plazo y mirando las cotizaciones una vez al año, serás consciente de qué estarás ganando en 3 de cada 4 años. Simplemente estarás poniendo las probabilidades a tu favor. El inversor hará bien si se olvida de las cotizaciones y presta atención a la evolución de la rentabilidad por dividendo y a los resultados operativos de la empresa.

Un interesante estudio de JP Morgan que analiza la influencia del largo plazo en una cartera de inversión, hablaba sobre la correlación entre la cotización y sus fundamentales. En períodos de 5 años o superiores las cotizaciones siguen la evolución de los beneficios de la empresa de una manera bastante estrecha.
- En un plazo de 1 año → Correlación de un 20%
- En un plazo de 5 años → Correlación de un 80%

Es decir, en un plazo de 5 años la correlación entre la evolución de los resultados de una empresa y su cotización en los mercados financieros es muy alta. Es por ello que siempre hay que comprar empresas de calidad y no desesperarse si el primer año no tiene una evolución demasiado positiva.

Suele ser habitual que, una vez que compras una acción, caiga y te encuentres temporalmente en pérdidas. Me gusta mucho la regla que utiliza Guy Spier, un gran gestor de fondos de inversión, cuando le ocurre este contratiempo. Cuando compra una acción y cae, se propone como mínimo no vender en 2 años. Las pérdidas suelen tener un efecto psicológico negativo. Se dice que el dolor producido por las pérdidas es más de 2 veces superior a la satisfacción producida por los beneficios. Es por ello que la primera reacción es vender y quitarte de encima ese malestar. Lo único que conseguirás con vender es un perjuicio a tu cuenta corriente, si tu tesis de inversión es correcta.

Lo fundamental para tener éxito en la inversión es la paciencia. Las ganancias no las genera el intelecto sino la paciencia. Me gustaría incidir un poco más en este aspecto porque pienso que, es quizá, la piedra angular de la inversión, con la siguiente analogía.

Soy un gran aficionado a la ciencia y a la física. Veo más documentales de ciencia y paso más tiempo leyendo libros de ciencia que viendo la televisión. Uno de los grandes postulados de la física es el principio de mínima acción. Bastante desconocido para el gran público, constituye la base de la mecánica analítica y está presente en casi todos los modelos físicos modernos como la relatividad o la teoría de campos.

Sin entrar en conceptos físicos complejos como los lagrangianos y de forma muy simplificada, lo que viene a decir el principio de mínima acción es que todo cuerpo sigue una trayectoria que minimiza la acción. De todas las trayectorias posibles, un cuerpo en el universo observable seguirá la trayectoria de menor acción.

Pienso que a la hora de invertir ocurre algo similar a lo que sucede en la estructura del universo. Si minimizas la acción consigues mejores resultados. Es curioso que las cuentas de valores de inversores particulares que mejores resultados obtienen son aquellas que se encuentran paralizadas por diversos procesos judiciales (herencias...). Recuerda que a menor movimiento mayor rentabilidad.

Los investigadores Brad Barber y Terrance Odean clasificaron a miles de inversores a los que dividieron en cinco categorías según la frecuencia con la que operaban. Aquellos que menos operaban conservaban la mayor parte de sus beneficios y llegaban a batir al mercado. Sin embargo, aquellos que compraban y vendían de forma compulsiva sólo beneficiaban a sus corredores de bolsa. El estudio fue realizado entre febrero de 1991 y enero de 1997 que fue un período muy alcista en los mercados. De ahí derivan las grandes rentabilidades que aparecen en el gráfico. Otras investigaciones similares en diferentes períodos han mostrado resultados similares a los de Brad Barber y Terrance Odean.

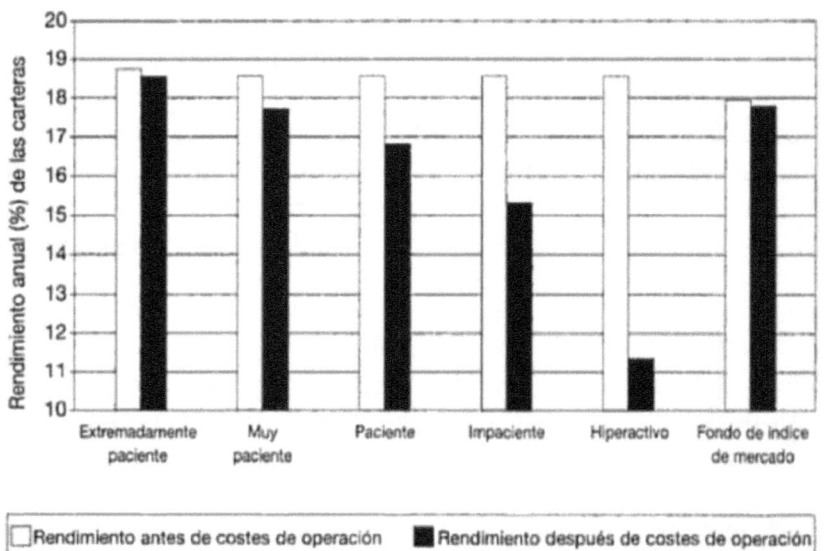

Fuente: Profesores Brad Barber y Terrance Odean, Universidad de California

Lejos de las evidencias empíricas parece que la industria financiera está ganando la partida a la hora de difundir el mensaje del corto plazo. Cada vez los inversores particulares tienen menos paciencia a la hora de mantener sus acciones en cartera. Según un estudio difundido por el New York Stock Exchange (NYSE), el período medio de tenencia de una acción ha bajado de los 7 años en los años 40, a unos pocos meses en la actualidad.

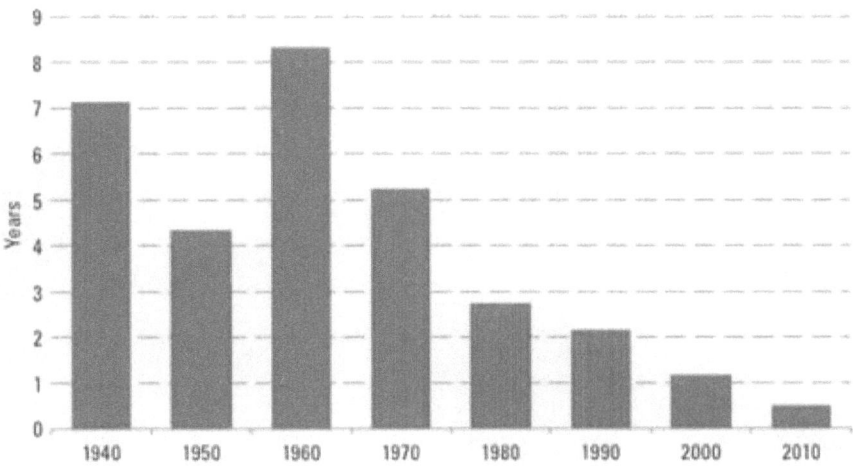

Fuente: NYSE

Si quiere obtener unos grandes resultados en el mercado de valores debe volver a lo que hacían nuestros abuelos. Comprar y mantener las acciones durante años, sin preocuparse demasiado de los vaivenes en las cotizaciones. No se deje engañar por la industria del trading y los agentes financieros.

Para terminar este capítulo voy a contar una historia que llegó a mis oídos cuando estudiaba en la facultad. Se trataba de un profesor de la facultad de economía que invirtió todos sus ahorros en comprar acciones y las conservó durante 30 años. Cuando este profesor llegó a la jubilación sus acciones se habían multiplicado exponencialmente. El profesor poseía una fortuna millonaria gracias al efecto de la capitalización compuesta.

La clave de crear este enorme patrimonio fue no hacer nada. No vender sus acciones bajo ninguna circunstancia. Olvidarse del ruido del mercado y permanecer quieto, suele ser la clave del éxito en los mercados de capitales.

Capítulo 5: Evita las empresas Commodity

Warren Buffett es considerado el mejor inversor de todos los tiempos. En los últimos 50 años ha obtenido una rentabilidad superior al 20% anual. Para poner en perspectiva esta extraordinaria rentabilidad, 10.000$ invertidos en su empresa, Berkshire Hathaway, hace 50 años serían más de 100 Millones de dólares en la actualidad. Es por eso que Einstein llamó al poder de la capitalización compuesta la octava maravilla del mundo.

Uno de los puntos más importantes que explica este enorme éxito inversor ha sido que Warren Buffett siempre ha intentado evitar las empresas commodity. Estas compañías son aquellas que compiten basándose en el precio, donde sus productos son difíciles de distinguir respecto a los de la competencia. Estas empresas suelen producir peores resultados respecto al mercado.

Por otro lado se encuentran las empresas excelentes que producen un bien o servicio con un atributo distintivo que las hace interesantes para los clientes. Warren Buffett las llama monopolios del consumidor. La ventaja competitiva de estas empresas no está basada en el precio.

La gran mayoría de las empresas son empresas commodity. Los monopolios del consumidor suelen ser una minoría. Son empresas únicas con un gran poder de marca. Para poder hacer una división entre ambas tipologías de empresas vamos a ver las características de las empresas commodity:

-Márgenes de beneficios estrechos

-Ausencia de lealtad a la marca

-Presencia de múltiples competidores

-Existencia de un exceso de capacidad de producción en el sector. Es uno de los motivos por el cual estas empresas deben competir en precio para conseguir vender sus productos.

-Beneficios erráticos: unos años ganan dinero y otros lo pierden.

-La rentabilidad depende de la eficacia: siempre que la rentabilidad de la empresa dependa en gran parte de su capacidad de utilizar con eficacia sus activos tangibles, como fábricas o maquinaria, y no de sus activos intangibles como patentes o marcas se debería sospechar que es una empresa commodity.

Algunos ejemplos de empresas commodity serían:

- Productores de acero (Acerinox)
- Compañías de petróleo y gas (Repsol)
- Industrias como la del papel o plástico (Europac)
- Productores de cemento (Cementos Portland)
- Telecomunicaciones (Telefónica)
- Bancos (Banco Santander)
- Aseguradoras (Mapfre)
- Inmobiliarias (Inmobiliaria Colonial)
- Constructoras (ACS)
- Aerolíneas (Lufthansa)
- Productores de coches (Renault)
- Hoteles (Meliá Hotels)

Los monopolios del consumidor tienen exactamente las características opuestas: márgenes de beneficios altos, lealtad a la marca, ausencia de competidores y alta estabilidad de beneficios. Algunas de estas empresas tienen beneficios anuales positivos de forma recurrente durante décadas. Son empresas, por lo general, menos cíclicas. Consiguen sus beneficios a través de sus activos intangibles, como marcas o royalties, que son los factores más importantes para estas empresas.

Algunos ejemplos de monopolios del consumidor:

- Productores de bebidas azucaradas (Coca-Cola)
- Tabaco (Phillip Morris)
- Consumo básico (Procter & Gamble)
- Buscadores de internet (Google)
- Farmacéuticas (Pfizer)
- Cerveza y bebidas alcohólicas (Inbev)
- Medios de pago (Paypal)
- Ropa deportiva (Nike)
- Entretenimiento (Walt Disney)
- Fabricantes ópticos (Essilor)
- Software (Adobe)
- Restauración (Yum! Brands)

El sector suele ser un factor importante para diferenciar empresas commodity de aquellas que no lo son. Casi todas las empresas productoras de tabaco son monopolios del consumidor y prácticamente todos los productores de coches son empresas commodity. Sin embargo, a veces se producen excepciones. Es el caso, por ejemplo, de Ferrari dentro de los productores de coches. Ferrari goza un poder de marca tan fuerte y es tan diferenciable del resto de productores de coches, que no compite en precio con ellos. Este hecho se refleja en unos mejores márgenes y una estabilidad de resultados superior a la mayoría de productores de coches.

No invertir en empresas commodity hará que los resultados de una cartera de acciones mejore ostensiblemente en el largo plazo. Las empresas commodity acaban generando menos beneficios operativos, necesitan mayor volumen de inversión para crecer y tienen más problemas con la competencia. Estos aspectos negativos hacen que estas empresas generen menos valor a sus accionistas.

Capítulo 6: Cuidado con los gurús financieros

Un inversor nunca debe hacer caso de las recomendaciones de los gurús financieros. La mayoría de las recomendaciones están manipuladas. Gran parte de los gurús financieros tienen intereses y su opinión está ampliamente sesgada. Es mejor equivocarse por uno mismo que hacerlo siguiendo las recomendaciones de los iluminados del mundo de la bolsa. Si te equivocas siguiendo tu propio criterio, si no ganas dinero, al menos aprendes para la próxima ocasión. Si sigues a los gurús financieros lo único que puedes llegar a aprender es la lección de nunca más seguir a otros en tus decisiones financieras. Eso en el mejor de los casos. Ya conocerás el dicho, el hombre es el único animal que tropieza dos veces con la misma piedra.

Tampoco te veas influido por lo que hace el resto de inversores. Que la gran mayoría opine de una determinada manera no quiere decir que esa forma de pensar sea la correcta. El individuo es inteligente, la masa estúpida. El inversor inteligente compra o vende siguiendo sus propias ideas, enfocado en el medio y largo plazo. Los malos inversores actúan de forma impulsiva siguiendo a la masa, igual que una oveja sigue a su rebaño.

Si tienes buenos argumentos a tu favor no tengas problemas en actuar en contra del consenso. Si vas a la contra tendrás más posibilidades de éxito y tus ganancias serán superiores.

Los grandes gurús financieros basan su prestigio en su don de palabra, van bien vestidos y saben contar historias que enganchan a sus seguidores. A veces utilizan el sentido de humor y bonitas presentaciones para engatusar a sus seguidores. El carisma y la habilidad de hablar en público a veces logran cosas impensables. Hay una frase que me encanta recordarme de vez en cuando. "No confíe en aquellos que han encontrado la verdad sino en quienes continúan buscándola".

Los expertos financieros siempre aparentan tener una gran seguridad en sí mismos y aunque suelen equivocarse de manera habitual, saben cómo suavizar estos errores y traspasar la responsabilidad a la diosa fortuna. Suelen tener un bajo nivel de autocrítica respecto a sus recomendaciones.

Cuando te presenten un método mágico con el que hacerte rico, hazte la siguiente pregunta: si con ese sistema se puede ganar mucho dinero ¿cómo es posible que nos lo estén vendiendo? ¿No sería mejor que él mismo utilizará el método para forrarse? El gurú financiero no gana dinero con el método de inversión, gana dinero vendiéndolo a inversores incautos.

En el argot financiero se suele denominar a estos sujetos como "vendedores de picos y palas". Este nombre surgió de la época de la fiebre del oro en América. Quien realmente se enriqueció de aquella locura por el oro fueron los vendedores de picos y palas. Las probabilidades de encontrar oro eran realmente escasas. Sin embargo, los vendedores de picos y palas tenían unos ingresos estables y vieron aumentadas sus ventas gracias a la búsqueda de oro.

Recuerda, cuando te ofrezcan un pico y una pala para encontrar oro le deberías decir al vendedor de turno que tienes mejores cosas que hacer y que si tanto oro se puede obtener que el mismo utilice el pico y la pala. Da igual que la pala sea muy bonita y prometa unos resultados increíbles.

Capítulo 7: Una mentalidad multidisciplinar

Para tener éxito en los mercados debes ser modesto y nunca mostrarte demasiado orgulloso de tus logros. El inversor tiene que aprender de sus aciertos y errores. Siempre hay que analizar con cierta frialdad cada paso dado en la inversión.

Una persona autodidacta puede obtener una gran experiencia y aprender más que la mayoría de los expertos. El autodidacta no está sometido a presiones exteriores. Simplemente tiene que aprender y poner en práctica todo lo asimilado.

Las personas a veces sufrimos el llamado "sesgo de atribución". Uno atribuye sus éxitos a sus propias habilidades, pero sus fallos al azar. A la hora de invertir es bueno cambiar de opinión. No hay que tomarse demasiado en serio las opiniones propias ni las de los demás. Mantener una actitud crítica y tomar diferentes puntos de vista te permite aprender más rápido y de forma más efectiva.

Se puede decir, en general, que un buen inversor es una persona curiosa. Grandes gestores como Charlie Munger no se limitan a leer sobre inversión o análisis empresarial, también tienen un hueco para aprender de historia, ciencia o psicología. Este hecho es lo que algunos autores denominan como "tener una mentalidad multidisciplinar".

Nos encontramos en un mundo donde la especialización es la regla. Cada persona tiene que conocer y ser el mejor en la actividad que desarrolla. Para multitud de trabajos esta característica suele ser positiva ya que requieren un nivel de implicación y conocimientos importante. Para el mundo de la inversión en cambio es más efectivo poseer una mentalidad multidisciplinar. Intentar conocer el mundo y la sociedad que te rodea, te hará ver tendencias de negocio donde otros no las ven. La economía y los negocios mueven al mundo y, cuanto mejor comprendas el mundo que te rodea, más entenderás los negocios que residen en él.

Capítulo 8: La lista de la compra

Una de las prácticas más aconsejables para todos los inversores es elaborar una lista de la compra de empresas que desearías poseer. Esta lista de empresas no debe ser muy abultada. Entre 20 y 50 empresas sería lo ideal. El problema de tener más de 50 empresas en la lista de la compra es la dificultad de seguir su evolución. Además, el capital que solemos disponer los inversores particulares es limitado.

Hay que concentrarse en seleccionar las mejores empresas del mundo. Todas las empresas antes o después terminan bajando su cotización en los mercados de capitales de forma temporal. Ese será el momento de adquirirlas. Una de las características principales de los mercados es la volatilidad. El mercado tiende a sobrereaccionar por cualquier acontecimiento o pequeño traspié que suceda en una empresa. Bien porque no ha cumplido las expectativas de los analistas o porque han despedido al CEO.

Llegados a este punto una pregunta que se hará el lector es la siguiente ¿Cuál es el precio adecuado para comprar una empresa de gran calidad? No soy partidario de utilizar métodos complejos para valorar una empresa. Creo que hay que hacer demasiadas suposiciones. Es lo que ocurre con el método del descuento de flujos de caja. Depende de los parámetros que introduzcas en el modelo, te saldrá una valoración u otra.

En general pienso que casi ninguna empresa del mundo debería ser comprada por encima de PER 20. Esta regla te puede valer siempre que tengas en tu lista de la compra empresas de enorme calidad. Ese sería un buen punto de partida. Seleccionar 20 o 30 de las mejores empresas del mundo y comprarlas por debajo de PER 20. El PER es una medida de valoración básica que se puede encontrar en la mayoría de webs de finanzas. Se calcula dividiendo la capitalización de la empresa entre sus beneficios.

Una posible lista de la compra de 20 de las mejores empresas del mundo:

Nike	Walt Disney	Altria	Philip Morris
Mc Donald's	Inditex	Coca Cola	Pepsico
Reckitt Benckiser	Colgate Palmolive	British American Tobacco	Mondelez International
Henkel	Viscofan	Nestlé	Visa
Novo Nordisk	Google	Amadeus IT	Essilor

La lista está constituida principalmente por empresas de consumo básico. Las empresas de consumo básico (tabaco, alimentación y bebidas) son las que más rentabilidad han obtenido de media en el pasado. Para hacer una buena lista de empresas se tiene que pensar en conservar el capital por encima del posible potencial de revalorización que ofrezca un activo financiero.

Las empresas de consumo básico tienen productos que no se ven afectados por posibles cambios tecnológicos ni por grandes variaciones en los gustos del consumidor. Poseen productos que cambian poco con el paso del tiempo. Eso las convierte en empresas muy seguras para invertir a largo plazo.

La regla del PER 20 es una regla general pero admite excepciones. Hay empresas de un gran crecimiento como Google que han sido buenas inversiones compradas a precios superiores a PER 20. Es simplemente una buena aproximación para un inversor que compra negocios de gran calidad. Hay algunos inversores que prefieren mirar las valoraciones históricas del valor en cuestión para determinar cuándo está barato. La idea es comprar negocios extraordinarios y no pagar demasiado por ellos.

Cada inversor debería elaborar su propia lista de la compra. Mi consejo para elaborarla es fijarse en aquellas empresas que admiras y de las que eres consumidor habitual. De estas empresas conoces sus productos y su modelo de negocio, con lo cual te será más fácil determinar si es un buen negocio.

Capítulo 9: Las ampliaciones de capital

Uno de los primeros consejos que daría a una persona que está empezando a invertir su propio dinero es: evita las empresas que realizan ampliaciones de capital.

Voy a explicarlo de la siguiente manera; supongamos que tienes dos amigos. Uno de estos amigos te está pidiendo constantemente dinero. Tiene problemas en el trabajo y sus ingresos son inestables. Le cuesta llegar a final de mes. Por otro lado tienes a al amigo que representa completamente lo contrario. En vez de pedirte dinero te está invitando constantemente, nunca pide dinero a los demás y no tiene ningún problema para llegar a final de mes. La pregunta sería: ¿cuál de los dos amigos marcha mejor económicamente?

Creo que la respuesta es sencilla. En el mundo empresarial ocurre más o menos lo mismo. Las empresas que están constantemente haciendo ampliaciones de capital no suelen ser buenos negocios. No generan flujos de caja suficientes para sostener su negocio y tienen que estar constantemente pidiendo dinero a los accionistas. Sin embargo, las empresas de calidad nunca realizan ampliaciones de capital y suelen ser muy generosas con sus accionistas, bien repartiendo dividendos, recomprando acciones o mejorando de forma interna el negocio. Esto acaba produciendo crecimiento y prosperidad futura para los accionistas.

Otra de las ventajas de evitar las empresas que realizan ampliaciones de capital es que te protegerás de un porcentaje importante de los fraudes empresariales. En España uno de los casos más recientes ha sido el de Gowex. Una empresa fantasma creada para engañar a posibles accionistas que quisieran invertir en ella. Gowex no paró de hacer ampliaciones de capital desde que salió a bolsa. Jamás repartió un dividendo. No te dejes embaucar por proyectos empresariales extraordinarios ni por grandes líderes empresariales. Como dice Warren Buffett; "la primera regla de la inversión es no perder tu dinero. La segunda es no olvidar la primera regla".

Muchas veces estas empresas que quieren acometer ampliaciones de capital manipulan la cotización de la compañía al alza para atraer la atención del público. Un proyecto nuevo y atrevido que parece que se va a comer el mundo, sumado a un precio disparado y accionistas eufóricos, son los ingredientes adecuados para el desastre. Otro de los aspectos destacables es que estas empresas suelen gozar de una popularidad enorme. Aparecen en todos los periódicos e incluso se les concede espacio en la televisión. Todas estas señales le deberían producir una enorme desconfianza.

A la hora de invertir siempre ponte del lado de las empresas que le dan dinero y le aportan valor. Nunca invierta en empresas que le pidan dinero para acometer proyectos maravillosos sin una visibilidad clara.

Capítulo 10: Busque la simplicidad

El capital de un inversor particular es limitado. Un buen inversor debe concentrarse en sus mejores ideas de inversión. Si las mejores empresas están demasiado caras habrá que esperar el momento adecuado para invertir en ellas. Este momento siempre llega por la propia dinámica cortoplacista del mercado y por su volatilidad implícita.

Al buscar ideas de inversión, uno de los aspectos importantes a tener en cuenta es la simplicidad. Debe buscar empresas y modelos de negocio que entienda. Si para saber si una empresa es buena o mala tiene que hacer un estudio de varios meses y leerse decenas de informes financieros, no va por buen camino. Muchas veces, las mejores ideas de inversión están al alcance de todo el mundo. Por poner un ejemplo: a mí me gusta practicar deporte y soy consumidor de empresas como Nike o Adidas. Prácticamente todo el mundo entiende y puede valorar lo que es vender ropa deportiva y zapatillas. Da la casualidad de que muchas de estas empresas son magníficas y tener nuestro dinero invertido en ellas es una garantía de éxito.

Para conocer si una empresa puede ser una buena opción de inversión no hay que detenerse demasiado en las particularidades de la misma. Es un error de inversión clásico. Cuando se está pendiente de todos los detalles, se deja de tener una idea clara del conjunto. Los árboles no te dejan ver el bosque.

Hay diversos estudios sobre el cerebro que han demostrado que con un exceso en la cantidad de datos, nuestra CPU tiende a saturarse. Para valorar correctamente una inversión tenemos que pensar en lo principal. De nada nos serviría si conociéramos, por ejemplo, la mediocre evolución de una fábrica de Nike en China. O bien la subida o bajada de un 1 o 2% en el retorno sobre el capital. Otro clásico serían las noticias referentes a que tal directivo está comprando o vendiendo acciones de la empresa. Son simples anécdotas y como tal deben ser tratadas.

Muchos inversores no piensan, sólo calculan. Los números son importantes, pero es clave comprender qué se esconde tras ellos. Los planteamientos numéricos complejos y exposiciones sofisticadas habitualmente esconden un gran desconocimiento. Es imposible calcular el verdadero valor de una empresa o acción y a veces se nos presenta en los medios como si fuera posible. La inversión en bolsa es un juego de información imperfecta, donde no se puede afirmar nada con una seguridad absoluta.

El gestor value del fondo First Eagle Jean Marie Eveillard lo explica con una gran claridad: "Es muy habitual perderse en detalles o verse atraído por la complejidad, pero considero que lo más importante es saber que tres, cuatro o cinco características principales de la empresa son las realmente importantes. Para mí, mi trabajo consiste fundamentalmente en hacer las preguntas adecuadas y enfocar el análisis con el fin de tomar una decisión".

Voy a terminar este capítulo con una anécdota de Steve Jobs como ejemplo de simplicidad. Una de mis citas favoritas es: "la belleza está en la simplicidad". Espero que esta anécdota os ayude a encontrarla.

El 16 de septiembre de 1997 Steve Jobs regresó a Apple tras una etapa brillante en Pixar. Esta empresa se encuentra integrada en Walt Disney en la actualidad, y es una de las mejores compañías del grupo. En ese momento Jobs se encuentra con que Apple estaba fabricando miles de productos a cual más variopinto. Fue revisando producto por producto y acabó diciendo a todo el mundo la siguiente frase: "Estos productos son una porquería". Al poco tiempo había eliminado el 70% de estos productos. "Sois gente brillante, no deberíais estar perdiendo el tiempo en productos tan malos" les decía a sus ingenieros.

Tras unas cuantas semanas Jobs ya había tenido suficiente."¡Ya basta!", gritó en una reunión con directivos. "Esto es una locura". Cogió un rotulador, se acercó a la pizarra y dibujó una línea horizontal y otra vertical para formar un gráfico con cuatro cuadrantes. "Aquí está lo que necesitamos". Sobre las dos columnas escribió {consumidor} y {profesional}. Sobre las dos filas {Escritor} y {Portátil}. "Su trabajo consistirá en crear cuatro grandes productos, uno para cada cuadrante", les dijo a los ingenieros. En la sala reinó un silencio sepulcral.

Gracias a concentrase en pocos productos, buscar la máxima calidad y perfección, Apple se salvó de una posible bancarrota. Siguió el mismo proceso en el iPad, iPhone, iPod... Se concentraba en algo, buscaba la esencia y hasta que no estaba perfecto o casi perfecto no pasaba a otro producto.

La principal lección que nos dejó Steve Jobs es la obsesión por la simplicidad. Concentrarse sólo en pocas cosas para conseguir que lo complejo se convierta en simple. Esta enseñanza es de vital importancia en el mundo de la inversión.

Capítulo 11: Crecimiento del mercado

Una de las mayores fuentes de generación de riqueza de una empresa es el crecimiento de las ventas y beneficios que pueda desarrollar. Pienso que en ocasiones el crecimiento está algo sobrevalorado por el mercado, pero es innegable que su influencia en la generación de valor que reciben los accionistas es determinante. El crecimiento es también uno de los aspectos más importantes a la hora de valorar la compra una acción. Buscar acciones con un cierto crecimiento suele ser una buena estrategia de inversión a largo plazo.

En el análisis empresarial se suele decir que existen tres fuentes principales de crecimiento: el incremento de la cuota de mercado (crecimiento orgánico), la adquisición de otras empresas (crecimiento inorgánico) y el crecimiento del mercado.

Incrementar la cuota de mercado es sinónimo de ganar terreno a tus competidores. El mundo empresarial es un territorio competitivo donde en muchas ocasiones prospera la empresa más fuerte.

Las adquisiciones de otras empresas suelen ser la vía más rápida para crecer que tiene una empresa. Se compra un competidor más pequeño y, automáticamente, los beneficios se ven incrementados.

Por último, se encuentra la tercera fuente del crecimiento que es la expansión del mercado. Si nos encontramos en un mercado de alto crecimiento (por ejemplo, el software empresarial en los años 80) nuestra ventas aumentarán simplemente con mantener la cuota de mercado, porque el tamaño total crece. Posteriormente daré algunos ejemplos de mercados actuales de gran crecimiento.

¿Cuál de las tres es más importante?

La consultora McKinsey&Co hizo un estudio en más de 400 multinacionales para responder a esta pregunta. Fue una investigación rigurosa durante siete años, donde se estudiaron también a las diferentes filiales de estas multinacionales. Estos fueron los resultados:

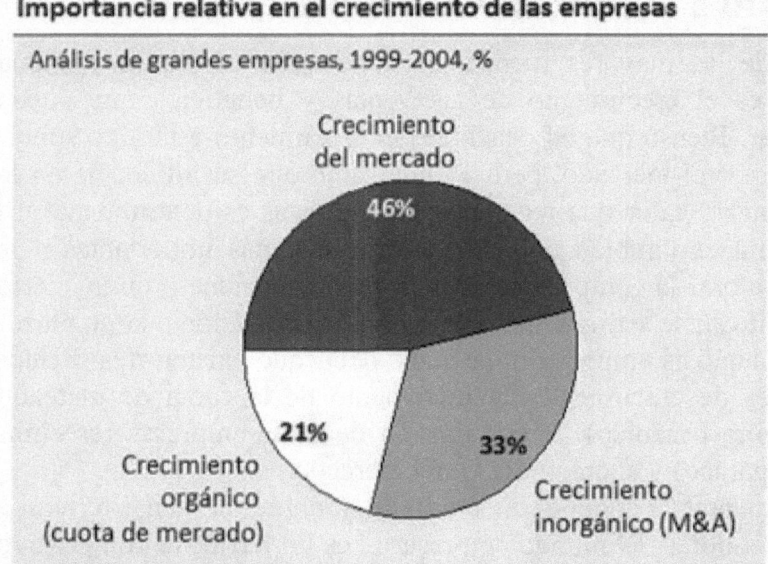

Fuente: "The Granularity of Growth- Need for Dynamics in Strategy", McKinsey & Co, Helsinki University, 5 de Junio de 2008

Este estudio desmontó la creencia clásica de que lo más importante para asegurar el crecimiento es ganar cuota de mercado. Curiosamente, fue el factor menos relevante. El crecimiento del mercado es el factor más importante a la hora de crecer para una empresa, ya que explica casi la mitad del crecimiento. Muchas veces la elección del mercado donde se quiere competir es lo más influyente si una empresa quiere crecer.

Las start-ups conocen bien esta realidad priorizando el potencial del mercado respecto a competir con otras empresas a las que ganarles cuota de mercado. La clave es agrandar la tarta más que recibir una porción mayor.

Cuatro mercados actuales de alto crecimiento

Voy a exponer cuatro casos de mercados con un alto crecimiento para los próximos años.

El primero al que me gustaría hacer referencia es al de la ropa y el equipamiento deportivo. Empresas como Nike o Adidas se benefician de un mercado en constante crecimiento. El estilo de vida actual más sedentario lleva a gran parte de la población a practicar deporte. En los países desarrollados, el sector servicios absorbe un porcentaje muy elevado de la población activa. Son trabajos que requieren un menor esfuerzo físico. Esta falta de ejercicio físico debe ser compensada con un cierto nivel de actividad deportiva. Practicar deporte es beneficioso para la salud y los gobiernos tienen la necesidad de promoverlo en especial entre los niños de escuela para luchar contra el problema de la obesidad. A todo ello se une la importancia cada vez mayor que la sociedad otorga a la apariencia estética.

El mercado del tratamiento de diabetes y la obesidad puede ser otro buen ejemplo de mercado en expansión. Tanto la diabetes como la obesidad son enfermedades que no paran de crecer en todo el mundo. El estilo de vida sedentario y un exceso de azúcar en nuestra alimentación harán que estos desequilibrios sigan aumentando en las próximas décadas. En este mercado destaca una farmacéutica danesa llamada Novo Nordisk que es líder en el tratamiento de la diabetes y en la producción de insulina.

En tercer lugar, me gustaría hablar de la consultoría tecnológica. Este sector se ve beneficiado por los constantes cambios tecnológicos que aparecen en la nueva economía. La consultoría tecnológica se adapta a estos cambios y ofrece soluciones a las empresas que se quieren modernizar tecnológicamente. La tecnología es compleja y difícil de entender en muchas ocasiones. Este sector intenta resolver este problema. Las empresas cada vez demandan más la tecnología en sus organizaciones y es por ello que este mercado está en expansión. Hay decenas de consultoras tecnológicas cotizando en los mercados financieros mundiales. Voy a escoger a Accenture y Cognizant, por su tamaño y por su gran solidez empresarial.

Por último me gustaría hacer referencia a las empresas de internet. Internet es un mercado en constante crecimiento. Cada vez está más presente en nuestras vidas. Además, cada vez más dispositivos se añaden a la lista de aquellos que tienen la siguiente etiqueta: "con conexión a Internet". Empresas como Google o Facebook se encuentran probablemente en uno de los mercados con mayor potencial de expansión del mundo. El único inconveniente es que al ser empresas tecnológicas están expuestas a cambios más rápidos en su entorno competitivo, que otras de sectores más tradicionales como la alimentación. La tecnología avanza a un ritmo vertiginoso y los líderes de hoy puede que no sean los de mañana.

En conclusión, cuando estés analizando una posible inversión piensa si el mercado en el que opera está en expansión o no. Una empresa que goce del favor de un mercado en expansión lo tendrá mucho más fácil para crecer. Este hecho puede impulsar la generación de valor que obtenga un accionista de su inversión. Aumentar la tarta es más efectivo que intentar conseguir una porción mayor de la misma.

Capítulo 12: Inelasticidad en el precio

Una de las características de algunos de los mejores negocios del mundo es la inelasticidad en el precio. Un mercado o sector inelástico al precio es aquel en el cual las empresas del mismo pueden subir los precios sin que afecte sensiblemente a la demanda. Las empresas que pueden subir los precios por encima de la inflación sin que eso afecte a su demanda son ciertamente una minoría. A esta característica tan peculiar en ocasiones se la suele denominar poder de fijación de precios.

Algunas de las empresas de mayor calidad suelen presentar esta característica. Para ilustrar qué ocurre en estas empresas vamos a ver el siguiente cuadro donde voy a mostrar el efecto de un incremento de precio en los beneficios de una empresa con inelasticidad de precio:

			Cambio
Precio	2,0 €	2,3 €	+15%
Unidades	1.000.000	1.000.000	
Ingresos	2.000.000 €	2.300.000 €	
Coste variable	(1.000.000) €	(1.000.000) €	
Contribución marginal	1.000.000 €	1.300.000 €	
Costes Fijos	(700.000) €	(700.000) €	
Resultado	300.000 €	600.000 €	+100%

Al incrementar el precio un 15%, la empresa consigue aumentar sus beneficios un 100%. Es un ejemplo teórico muy simplificado pero ilustra perfectamente los enormes beneficios que supone ser una empresa con poder de fijación de precios. El margen neto pasa de un 15% a un 26%.

Ejemplos de empresas con inelasticidad de precios

Hace un tiempo un amigo, también inversor, me preguntó por las que yo consideraba las 10 mejores empresas del mundo. Le contesté que me sería muy difícil escoger 10 empresas, pero que Novo Nordisk sí estaría entre las 10 o 20 mejores empresas del mundo.

Supongo que lo dije porque soy accionista y la tenía en la cabeza en ese momento. Hay otras empresas como Moody´s, Walt Disney o Essilor-Luxottica que me parecen únicas y que también podrían estar entre las que considero 10 o 20 mejores.

Uno de los hechos por los que considero que Novo Nordisk es una de las mejores empresas del mundo es por su enorme poder de fijación de precios. Al subir los precios sus ventas apenas se ven modificadas. En las últimas décadas ha subido el precio de sus productos claramente por encima de la inflación y sus ventas en vez de reducirse, se han incrementado. Este hecho se refleja en un aumento espectacular de sus márgenes netos.

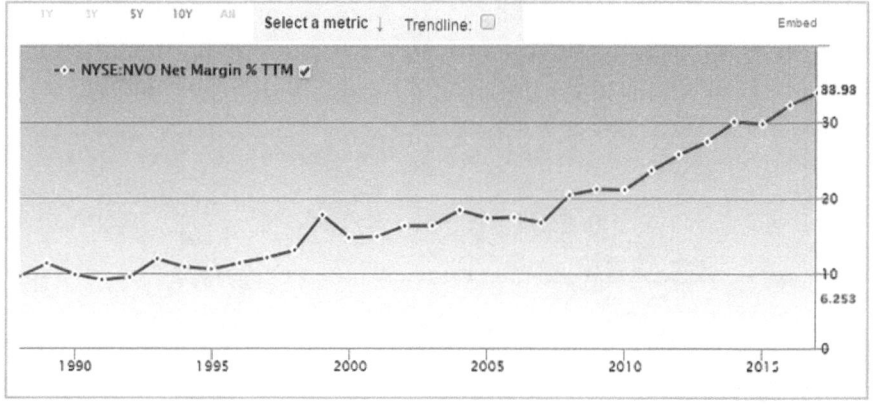

Fuente: Gurusfocus.com

Otro de los casos más claros es el del sector del tabaco. En el siguiente gráfico muestro la evolución del margen neto de Altria, una de las principales empresas de tabaco del mundo.

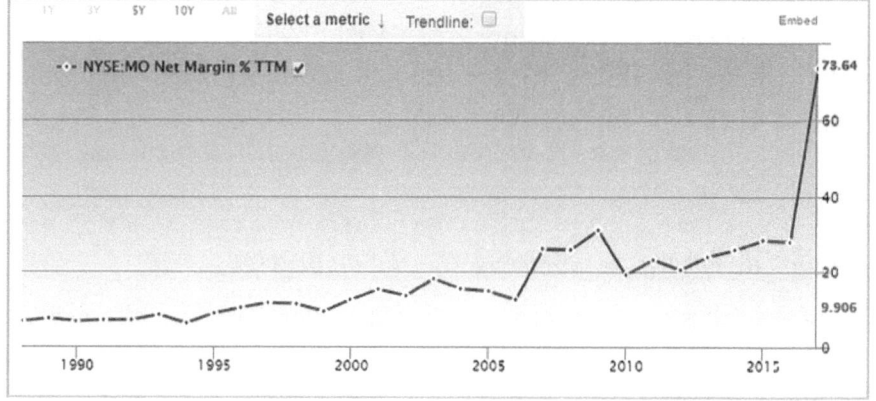

Fuente: Gurusfocus.com

Alimentación

Soy un gran admirador de las empresas de alimentación y productos básicos. Pero creo que en este punto flojean bastante. No quiere decir que empresas como Coca-Cola, Reckitt Benckiser o Pepsico no estén entre las mejores del mundo, pero no gozan de ese inmenso poder de fijación de precios que tienen las empresas que he mencionado anteriormente. Una de las causas que hacen a estos mercados más competitivos son las marcas blancas, que ya suponen un porcentaje importante del consumo de productos básicos en los países desarrollados.

Entender mal el mercado en el que se encuentra una empresa

Una de las peores acciones empresariales que puede hacer una empresa es creerse que se encuentra en un mercado con inelasticidad de precio, cuando no es así. Es decir, subir los precios más de lo necesario. Este hecho puede tener unos efectos muy positivos en la cuenta de resultados de una empresa a corto plazo, pero puede ser devastador a largo plazo.

Un ejemplo reciente ha sido el caso de Gilead con el Sovaldi. Los directivos de Gilead pensaron que el Sovaldi tenía un mercado con precio totalmente inelástico y subieron el precio del Sovaldi de forma exagerada. Este hecho disparó los beneficios en el corto plazo pero, al cabo de poco tiempo, los resultados y las ventas del Sovaldi se desplomaron. Aun hoy la empresa sigue pagando estos excesos del pasado.

Lo mismo podría decirse de las empresas de Retail o Consultoría. No son negocios inelásticos al precio en la mayor parte de las ocasiones. Cuando estos negocios están subiendo los precios de sus servicios habría que revisar bien si lo que están haciendo tiene sentido o pueden caer en la mala praxis que he definido anteriormente.

Dejando a un lado estas trampas de valor, cuando un inversor encuentra un negocio con poder de fijación de precios puede estar seguro de haber encontrado una empresa de una enorme calidad y un negocio con unas ventajas competitivas importantes.

Capítulo 13: Una ventaja injusta

Una de las mejores estrategias de inversión es comprar monopolios o empresas que actúan en mercados oligopolísticos. Empresas que controlan un sector y además líderes de mercado. Tienes que evitar la competencia a toda costa si quieres triunfar en la inversión. Busca empresas con una ventaja injusta respecto al resto de competidores.

Para seleccionar este tipo de negocios un buen indicador es la cuota de mercado. Negocios con una cuota de mercado del 30% o superior son empresas con un poder de mercado enorme que suelen no tener competencia. Auténticos líderes de mercado que no tienen que preocuparse tanto por lo que hagan sus competidores ya que controlan el mercado.

A la hora de analizar la cuota de mercado es importante tener en cuenta al resto de competidores. En el siguiente cuadro se pueden ver tres empresas con un 30% de cuota de mercado. Lo ideal es tener una cuota de mercado alta, superior a la del resto de competidores y con un número de competidores pequeño.

	Empresa A	Empresa B	Empresa C
Cuota de mercado	30%	30%	30%
Cuota de mercado del mayor competidor	50%	30%	12%
Cuota de mercado del segundo mayor competidor	20%	15%	7%
Número total de competidores	3	9	18

Ninguna de las tres compañías goza de un caso idílico. La compañía A tiene pocos competidores pero no es líder de mercado. La compañía B comparte el liderazgo con su inmediato competidor pero tiene un mayor número de competidores. Por último, la compañía C disfruta de una posición clara de líder de mercado, con una cuota de mercado muy superior al resto de competidores, pero por otro lado es la empresa con mayor número de rivales.

EMPRESA	CUOTA DE MERCADO	INDUSTRIA
Google	90%	Buscador de Internet
Visa	50%	Tarjetas de crédito y débito
Amadeus IT	44%	Soluciones tecnológicas sector turístico
Viscofan	32%	Envolturas de productos cárnicos
Biomerieux	42%	Microbiología
Microsoft	90%	Sistemas operativos
Essilor	30%	Lentes Oftalmológicas
Altria	50%	Tabaco en Estados Unidos
British American Tobacco	30%	Tabaco en Europa
Nike	38%	Ropa deportiva a nivel mundial
Adidas	40%	Ropa deportiva Europa
Fielmann ag	50%	Venta de productos ópticos en Alemania
Middleby	30%	Equipamiento para cocinas
Rational ag	50%	Hornos de Vapor combinado
Sirius Xm	85%	Radio por satélite en EEUU
Novo Nordisk	46%	Tratamiento diabetes
Mastercard	30%	Tarjetas de crédito y débito
Moody's	35%	Agencia de

		calificación de riesgo
Facebook	70%	Red social
Intuit	70%	Software
Nemetschek	45%	Software vertical
Rightmove plc	80%	Portal inmobiliario UK
Café de Coral	30%	Comida rápida Hong Kong
Novozymes A/S	48%	Enzimas industriales
Monster	45%	Bebidas energéticas en EEUU
Amazon	33%	Comercio electrónico EEUU
Coloplast A/S	30%	Ciertas especialidades médicas
Grifols	30%	Plasma sanguíneo
Thai Beverage	40%	Bebidas en Tailandia
McKesson	30%	Distribución de fármacos
Henry Shein	35%	Distribución productos dentales
Express Scripts	30%	Administración beneficios farmacéuticos
Red Hat	68%	Sistemas operativos Linux
American Tower	40%	Torres de telecomunicaciones
Cerner	30%	Software vertical

Este cuadro es un ejemplo teórico de tres situaciones posibles. En el mercado existen casos todavía mejores, como el de Moody´s. Esta empresa tiene un 35% de cuota de mercado en el sector de las agencias de calificación de riesgo, siendo el líder del mercado y sólo cuenta con dos competidores.

A continuación vamos a ver un cuadro con otros casos reales de empresas cotizadas que gozan de una ventaja injusta respecto a sus rivales. Las cuotas de mercado que voy a mostrar son aproximadas. En ocasiones es difícil saber de manera exacta la cuota de mercado de una empresa ya que está condicionada por la región donde opera y también depende de los bienes y servicios introducidos en la industria a la hora de hacer el cálculo. Los datos los he obtenido de las cuentas anuales de estas empresas pero, como he dicho, tienen un cierto grado de subjetividad.

Lo importante del siguiente cuadro no es si la cuota de mercado es de un 35% o de un 40%, lo relevante es que nos encontramos ante una lista de empresas con un poder de mercado inmenso en sus respectivos sectores e industrias. Empresas con poca competencia y sin grandes rivales en sus zonas de influencia.

Uno de los grandes errores que he cometido a lo largo de mi trayectoria como inversor ha sido comprar empresas de mala calidad en momentos donde las condiciones de negocio eran favorables. Hay que tener cuidado con equiparar los beneficios actuales con la capacidad de obtener beneficios en el futuro. Al comprar empresas que no tienen prácticamente competencia, tienes grandes posibilidades de comprar activos con una gran capacidad de generar beneficios en el futuro.

En esta lista de empresas hay tecnológicas, otras de consumo básico y algunas del sector salud. Empresas como Google tienen cuotas de mercado muy altas en diversas actividades. Google domina el mercado de los buscadores, los sistemas operativos de Smartphone y la industria de los videos a través de Youtube. Comprar negocios líderes en su sector y con una alta cuota de mercado suele ser una buena estrategia de inversión.

Capítulo 14: Volatilidad, análisis técnico y ventas en corto

En el mundo de los fondos de inversión ocurre una curiosa paradoja. Es posible que un fondo de inversión haya obtenido un 15% de rentabilidad mientras que otro haya logrado un 10%, pero si la cartera del segundo es menos volátil se puede dar el caso de que una vez ajustada por el riesgo (volatilidad), la segunda cartera se considere mejor y más rentable.

Hay dos errores de concepto en este caso. Primero, identificar riesgo con volatilidad. Segundo, la típica creencia de que a mayor riesgo mayor rentabilidad. Se ha demostrado empíricamente que una mayor volatilidad no ofrece un rendimiento superior, y una menor volatilidad no ofrece peor rendimiento.

La pregunta que se haría un inversor que conoce que detrás de una acción hay una empresa es la siguiente: ¿por qué se mide el riesgo en función de la volatilidad en vez de en función de la fortaleza financiera de la empresa, su nivel de liquidez o su capacidad de generar beneficios?

La volatilidad suele ser medida por fórmulas complejas como la Beta. Estas fórmulas fueron creadas por matemáticos y economistas que cayeron en el sesgo del espejo retrovisor. Es decir, toman datos del pasado para afirmar que en el futuro volverá a ocurrir lo mismo. Es intentar enmascarar de ciencia y sofisticación a procesos gobernados por la incertidumbre. Los mercados financieros tienen un cierto grado de incertidumbre y son impredecibles por definición.

Con el análisis técnico ocurre más o menos algo similar. Se basa en los movimientos de precio del pasado para establecer los que se producirán en el futuro. Además no tiene en cuenta que los mercados son impredecibles, en especial, a corto plazo.

En los años 60 y 70 se realizaron diversos estudios que sustentan las afirmaciones que acabo de realizar. Varios de ellos completamente independientes y no relacionados entre sí. Estos estudios fueron llevados a cabo por investigadores como Arnold Moore, Clive Granger, Oskar Morgenstern y Eugene Fama. Las conclusiones de estos estudios fueron claras: los métodos de inversión basados en un gráfico no tenían ningún sentido como instrumento predictivo. Que la cotización de una acción haya subido ocho días seguidos no quiere decir que tenga más probabilidades de subir el noveno día. Es decir, la creencia de la existencia de tendencias en los mercados es una mera ilusión. Nuestro cerebro está diseñado para buscar patrones y regularidades aunque estas sean inexistentes.

En estos experimentos se llegaron a analizar cientos de patrones técnicos como el Hombro-Cabeza-Hombro, el doble suelo, además de la mayor parte de indicadores técnicos. No se descubrió ninguna correlación entre las señales de compra o de venta y las posteriores variaciones en las cotizaciones.

Estos estudios sí indicaron la existencia de unos pequeños patrones de muy corto plazo, algunos de ellos producidos en segundos, que sí eran rentables de forma consistente. El inconveniente para el pequeño inversor es que tal volumen de transacciones genera muchas comisiones que absorben todo el beneficio obtenido.

Toda esta información no pasó desapercibida para los grandes bancos de inversión (JP Morgan, Bank of America y Golman Sachs) que mediante estas operaciones de arbitraje de muy corto plazo ganan dinero prácticamente todos los días. En sus informes trimestrales detallan esta operativa a la que llaman trading-related. En el primer trimestre de 2017 Bank of America ganó el 97% de los días de trading. Ganan tanto dinero que dividen los días entre aquellos que ganan de 0-25, de 25-50, de 50-75 y de más de 100 millones de dólares. En el siguiente gráfico obtenido del informe trimestral de Bank of America se puede observar la comparación entre el cuarto trimestre del 2016 y el primer trimestre del 2017.

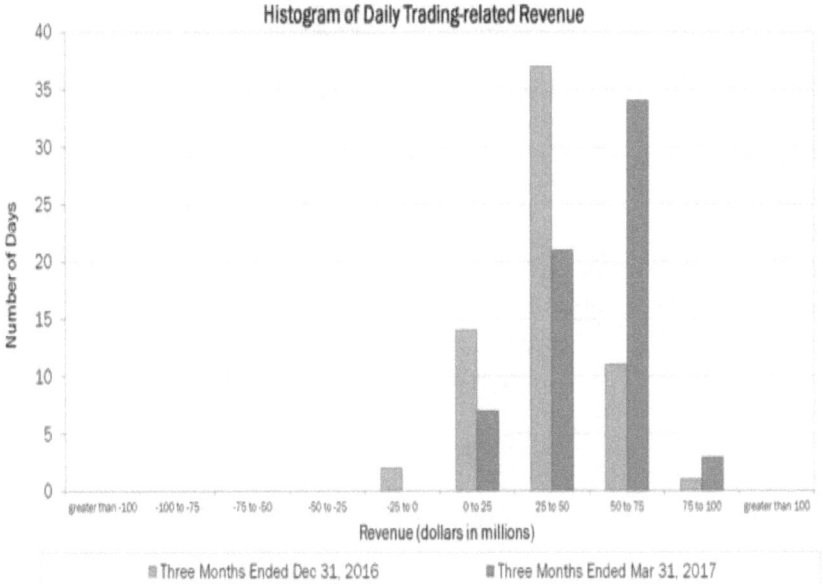

Dejando a un lado si el análisis técnico funciona o no, hay una característica del mismo que lo hace inadecuado para un inversor particular. El análisis técnico fomenta la acción de comprar y vender. Es decir, hace que las comisiones soportadas se disparen. Quizás no sea casualidad que su bróker le invite constantemente a hacer cursos de trading y de operativa a corto plazo. El bróker no es su amigo y si le ofrece cursos gratuitos es porque está pensando en cómo incrementar sus beneficios. Todos los negocios tienen como objetivo maximizar los beneficios y un bróker no es una excepción. La preocupación de estos intermediarios financieros no es que usted gane dinero, eso es algo completamente secundario.

Por último me gustaría hablarles de las ventas en corto. Probablemente sea la operativa más estúpida de cuantas existen en el mercado, en especial aquella realizada sobre acciones. Al vender en corto esperas que la acción caiga para obtener un beneficio. Es decir, si la acción cae un 10% usted gana un 10%. ¿Dónde está el fallo? El problema reside en unas reglas matemáticas muy simples: al ponerse corto está aceptando una ganancia máxima de un 99% y una posible pérdida infinita. La acción puede caer hasta cero pero puede subir hasta el infinito. Si la acción sube un 300% usted pierde un 300%. Si la acción cae hasta las inmediaciones de cero usted gana un 99%. No me parece un juego demasiado justo.

¿Qué ocurre cuando compra una acción? Al comprar una acción sus pérdidas están limitadas a una caída máxima de un 99% mientras que esas acciones pueden multiplicar su cotización por varias veces, obteniendo en ocasiones unas ganancias muy altas. Pongamos que la acción que usted compró hace años se ha multiplicado por cinco. En ese caso, habría obtenido un 400% de ganancia.

De hecho la inversión, sabiéndola enfocar de forma correcta, es de las pocas actividades que aun equivocándote en repetidas ocasiones se puede obtener un éxito arrollador. Se dice que con acertar un 50% de operaciones ganadoras se obtendrá un gran rendimiento. Ponga a las matemáticas a su favor y no en su contra.

Capítulo 15: No caer en el sesgo del retrovisor

En gran parte de los libros de inversión se suelen dar las claves y los ingredientes que definen a una buena empresa desde el punto de vista de la contabilidad. Voy a resumirlos en tres grandes apartados.

- Empresas con una gran estabilidad de resultados
- Empresas con baja deuda y un balance sólido
- Empresas bien gestionadas y con una orientación clara hacia el accionista

Lo ideal es buscar empresas que cumplan estos tres requisitos. Empresas que ganen dinero todos los años, con poca deuda y que estén gestionadas en beneficio de los accionistas. Todos estos datos se pueden observar en la contabilidad de una empresa. Realmente no es complicado buscar empresas que durante los últimos 10 o 20 años hayan cumplido estos requisitos.

Es bueno invertir en este tipo de compañías que han tenido ciertos logros en el pasado y han estado bien gestionadas. Pero tampoco hay que caer en el sesgo del retrovisor, es decir, pensar que el éxito pasado garantiza el éxito futuro.

Creo que con un ejemplo se va a entender mejor la idea que deseo transmitir. He seleccionado dos empresas: Nestlé y Heico. Son dos empresas magníficas con gran estabilidad de resultados, bien gestionadas y con un deuda baja respecto a su nivel de beneficios. La diferencia entre ambas es que desde mi punto de vista como inversor individual me es más fácil ver la evolución futura del negocio de Nestlé que el de Heico.

Heico es una empresa aeroespacial y de defensa. No conozco su modelo de negocio ni sé nada de sus productos. Sólo sé que es una empresa exitosa, que ha generado mucho valor para sus accionistas en las últimas décadas. Me es muy difícil como persona con unos conocimientos limitados del sector aeroespacial vislumbrar la evolución futura del negocio.

Sin embargo, con Nestlé ocurre lo contrario. Soy consumidor de sus productos, por lo tanto los conozco. Entiendo su modelo de negocio. Teniendo todos estos aspectos controlados, me es más fácil ver a Nestlé como una empresa exitosa en el futuro. Creo que dentro de 5 o 10 años Nestlé seguirá vendiendo productos relacionados con el chocolate, el café o tantos otros.

No es una cuestión de predecir el futuro, simplemente creo que es más fácil invertir en empresas que te aporten una gran seguridad y que conozcas. Con ello conseguirás reducir tus errores de inversión. A la hora de ser un gran inversor no hay que centrarse en lograr una gran rentabilidad sino simplemente hay que minimizar los errores. El retorno en la inversión vendrá sólo por estar invertido en empresas extraordinarias.

Con ello no quiero decir que no existan personas capaces de conocer el modelo de negocio de Heico. Puede haber militares u otro tipo de profesionales que estén en contacto con los productos de Heico o que entiendan el modelo de negocio de la empresa por otros motivos. Quizá para estas personas sea más fácil estar invertido en Heico que en Nestlé. La selección de empresas que están dentro de tu ámbito de actuación es muy personal.

Creo que la contabilidad es un aspecto importante a la hora de analizar una empresa, pero no es lo único que hay que tener en cuenta. No es motivo suficiente para comprar acciones de una empresa el simple hecho de que lleve obteniendo beneficios durante muchos años y haya generado mucho valor a sus accionistas en el pasado, bien a través de los dividendos o del incremento de la cotización.

Para finalizar voy a contar de forma resumida una interesante anécdota de los inicios de Nike. Si queréis conocer la historia más a fondo os recomiendo la lectura del magnífico libro "Nunca te pares" de Phil Knight.

La historia arranca en el año 1975. En aquellos días Nike era una empresa incipiente que financiaba su enorme expansión a través de créditos bancarios, fundamentalmente suministrados por el Banco de California. Un día, el Banco de California decidió eliminar la financiación a Nike justificándolo con que tenía problemas de liquidez. Habían revisado las cuentas de la empresa, y pensaban que los problemas de liquidez de Nike acabarían provocando su bancarrota. Phil Knight, el fundador de la empresa, pensaba que todo el dinero que generaba Nike debía ser reinvertido en el negocio si quería que Nike se convirtiera en una empresa importante en el sector. Al hacerlo, Nike se había salido de los parámetros que tenía fijados el banco desde un punto de vista contable, para considerar que un negocio era sostenible.

La retirada de la financiación hizo que Nike estuviera a punto de echar el cierre, básicamente porque no podía pagar a sus proveedores. En ese momento, Phil Knight acudió a un grupo inversor japonés llamado Nissho con el cual tenía diversos acuerdos comerciales.

Nissho se mostró preocupado por la situación de Nike y le exigió a Phil Knight que, antes de prestarles dinero, deberían revisar todos los estados contables de la empresa. Dos trabajadores de Nissho pasaron toda la noche revisando los estados contables de la compañía. Finalmente se hicieron cargo de toda la deuda de Nike. Esto es lo que dijo Ito, uno de los responsables de Nissho, a Phil Knight tras concederles la financiación:

"Qué tontos —al principio creía que se refería a mí, pensó Phil Knight, pero entonces me di cuenta de que hablaba del Banco de California — No me gustan los tontos —añadió —. La gente se fija demasiado en los números."

El grupo de inversores japonés fue capaz de ver el potencial de Nike más allá de sus problemas de liquidez. El banco de California, por su parte, perdió la oportunidad de financiar a Nike y con ello obtener unos enormes beneficios de una de las empresas más prosperas de EE.UU en las siguientes décadas por dar excesiva importancia a la contabilidad.

Capítulo 16: Empresas que recompran acciones de forma habitual

Una forma bastante sencilla de batir al mercado es elaborar una cartera de empresas que recompran acciones de forma habitual. Al recomprar acciones, el número de acciones disponibles se reduce con lo cual los beneficios que genera la empresa se reparten entre menos acciones y, por lo tanto, el valor intrínseco de esas acciones se verá incrementado con el paso del tiempo.

En el siguiente estudio elaborado por Hulbert Ratings se puede observar la evolución de las empresas que recompran acciones contra un índice general de mercado, el Wilshire 5000. Una cartera de 100.000$ invertida en empresas que recompran acciones habitualmente se habría convertido en 1.000.000$. Es decir, se habría multiplicado por 10. Sin embargo esos 100.000$ invertidos en el índice Wilshire 5000 sólo serían 500.000$ al cabo de 20 años. La rentabilidad media de las acciones que recompran acciones durante esos años habría sido superior al 12% anual.

Uno de los aspectos a tener en cuenta a la hora de valorar la recompra de acciones es observar si realmente el número de acciones de la empresa se está reduciendo. Algunas corporaciones recompran muchas acciones pero estas políticas no repercuten sobre el accionista ya que, por otro lado, se emiten otras acciones para pagar las onerosas stock options de los directivos. Un ejemplo sería el caso de Qualcomm. A pesar de haber recomprado muchas acciones durante estos años, apenas se ha reducido el número total de acciones. En el año 2014 recompró acciones por valor de 4.549 millones de dólares y emitió stock options por valor de 2.827 millones de dólares. Más de la mitad de esas recompras no fueron efectivas a la hora de beneficiar a los accionistas.

La mejor forma de observar si las recompras de acciones fueron efectivas es controlar la evolución del número total de acciones. Las empresas que suelen recomprar acciones de forma habitual y no dan muchas stock options a sus directivos suelen reducir su número de acciones entre un 20-30% al cabo de 10 años. En algunas ocasiones incluso reducen su número de acciones en una cuantía mayor. En páginas como gurufocus.com o morningstar.com es fácil encontrar esta información. También es habitual encontrar el número total de acciones al final del estado contable de pérdidas y ganancias.

Para finalizar el capítulo voy a mostrar una lista de empresas que han reducido su número de acciones en una cuantía superior al 30% en los últimos 10 años. Empresas que recompran y, además, son efectivas a la hora de reducir el número de acciones en circulación. Puede ser un buen lugar para encontrar ideas de inversión interesantes.

Empresa	Porcentaje de reducción
Autozone	59.2%
Brinker International	52%
Northrop Grumman	48.7%
Amerisourcebergen	47%
Viacom	46.5%
Torchmark	44%
Lowe's	40.6%
Papa John's International	39.3%
Next plc	38.1%
Aetna	38%
Toro co	37%

Home Depot	37%
Amgen	36%
IBM	36%
Illinois Tool Works	35.2%
Manhattan Associates	34%
Texas Instruments	33.8%
Fiserv	33%
Biogen	33%
Swedish Match	32.6%
Raytheon	32.3%
Mettler-Toledo International	31.7%
Usana Health Sciences	31.5%
Sherwin-Williams	31.3%
Advance Auto Parts	30.8%
Moodys	30.4%

Capítulo 17: ¿Qué ocurre cuando las mejores empresas del mundo están caras?

A veces escribo en un foro llamado Más Dividendos, donde nos solemos reunir algunos estudiosos del mundo de la inversión. Hay un forero llamado Fernando, al cual admiro, que tiene una frase interesante a este respecto: "la calidad no es cara"

Es habitual escuchar a gestores famosos de fondos de inversión decir que todo lo que pase de PER 15 es caro. Pienso que hay dos tipos de inversores, aquellos que dan más importancia al precio y aquellos que dan más importancia a la calidad.

En los últimos tiempos se ha puesto de moda un concepto llamado Quality Investing. Esta filosofía de inversión no es novedosa. Realmente la disyuntiva entre la calidad y el precio siempre ha estado en los debates de los inversores. Hay grandes referentes históricos que siempre han defendido comprar grandes empresas más allá del precio a pagar por ellas como han sido Charlie Munger y Phillip Fisher. En el panorama actual, los dos gestores que mejor encarnan esta filosofía de inversión son Tom Russo y Chuck Akre. Si vemos los movimientos más relevantes de Chuck Akre en el primer trimestre de 2017, podemos ver que el PER no es lo más importante para este inversor a la hora de seleccionar oportunidades de compra. Según datos de Gurus Focus, Chuck Akre compró:

Moody's a 107$ (Aproximadamente PER 20)
Visa a 86$ (Aprox. PER 40)
Mastercard a 109$ (Aprox. PER 32)

Son empresas de crecimiento, por lo tanto, el PER del año que viene será inferior. Hay inversores que prefieren tener en cuenta el PER del año siguiente. De una u otra manera, estamos hablando de valoraciones altas.

Una de las trampas que puedes experimentar como inversor es que, si estas demasiado pendiente del precio, pierdes la oportunidad de comprar algunos de los mejores negocios del mundo. A la vista de los datos, gestores como Chuck Akre no están tan pendientes de si compramos a PER 15, 20 o 25. Compran las mejores empresas de forma periódica. Una veces compraran más caro, otras más barato.

Pero se centran en lo que creen que es lo mejor. Hay que poner un límite de precio para no comprar acciones que se encuentren en una burbuja de valoración, pero la calidad y predictibilidad de un negocio deben ir en primer lugar.

Creo que para las empresas muy buenas, y siempre pensando en el largo plazo, el margen de seguridad a veces lo que hace es limitarte en vez de potenciarte. Es decir, comprar euros a 50 céntimos a veces no te lleva por el buen camino. Si eres un inversor a largo plazo y vas a mantener tus acciones durante años el precio no es tan relevante como pudiera parecer. Con pagar un precio justo será más que suficiente.

Con todo esto no quiero decir que los inversores que buscan gangas y negocios tirados de precio sean peores que aquellos que se centran en invertir en las mejores empresas. Simplemente recomiendo primar la calidad porque pienso que es más sencillo para el inversor particular. Buscar negocios más mediocres y tirados de precio requiere un análisis más profundo y, en mi opinión, es más fácil equivocarse.

Tras años como inversor soy consciente de una realidad. No se puede tener todo en esta vida. Si te centras en el precio está abocado a perder calidad, y si buscas la máxima calidad tienes que pagar precios relativamente altos. Esto es así salvo en los cracks bursátiles que como ya sabemos ocurren cada muchos años. La posible solución podría ser esperar al próximo crash bursátil. Mi opinión es contraria a esperar hasta entonces para aunar la máxima calidad con el mejor precio. La pérdida de rentabilidades en ese período y el coste de oportunidad son monumentales.

Para completar el análisis vamos a ver algunos casos particulares de grandes empresas compradas a precios caros en el pasado y la rentabilidad que hubiéramos obtenido. He extraído los datos de las páginas Gurufocus y Dividend Channel. Me gustaría matizar que es mejor comprar barato, el problema es que en algunas de las mejores empresas del mundo a veces es muy difícil y hay que pagar precios un poco por encima del mercado. Algunas empresas como Nike a PER 20 son buenas inversiones. Lo más importante para una empresa es la evolución de su negocio en los próximos años o décadas.

Muchas de las grandes empresas están a la vista de todo el mundo. Saber que Nike hoy es el líder del mercado de las zapatillas deportivas y que vende más que nadie es un secreto a voces. Igual sucedía con Microsoft en los años 90 o McDonald's hace 15 años. Muchas veces el PER está distorsionado por un mal resultado u otros asuntos contables de diversa índole. El crecimiento y la evolución futura de la empresa terminan por ser factores mucho más importantes que todos estos ratios.

Dicho todo lo anterior, voy a presentar algunos datos. Las rentabilidades presentadas han sido calculadas teniendo en cuenta la reinversión de los dividendos y pueden ser comprobadas por todo el mundo a través de las páginas Gurus Focus y Dividend Channel. Este capítulo lo escribí en junio de 2017. Con lo cual, si el mismo estudio se realizara con posterioridad cambiarían levemente los datos. Sin embargo, las conclusiones seguirían siendo las mismas. En la lista aparece la fecha de compra, el PER en ese momento y por último la rentabilidad que se habría obtenido hasta junio de 2017.

- Microsoft 08/1995. PER 40. Rent anual 14.23%
- Nike 02/1997 PER 30. Rent anual 10.83%
- Nike 03/2003 PER 30. Rent anual 18.31%
- McDonald's 10/2007 PER 30. Rent anual 14.73%
- McDonald's 08/2003 PER 30. Rent anual 18.04%
- Walt Disney 06/1997 PER 30. Rent anual 8.34%
- Colgate 01/1999 PER 30. Rent anual 8.22%
- Moody's 06/2005 PER 30. Rent anual 12.01%
- Moody's 05/2002 PER 30. Rent anual 9.37%
- Pepsico 05/1997 PER 45. Rent anual 8.9%
- Johnson & Johnson 6/2001 PER 30. Rent anual 9.20%

Tengo que reconocer que al ver estos datos me llevé una gran sorpresa. Siempre había leído en los libros de Value Investing tradicional que comprar acciones con valoraciones elevadas podía ser tan mala inversión como comprar empresas de muy baja calidad. En todos estos casos, estas acciones de una gran calidad, aun compradas a precios elevados, hubieran batido claramente al índice de referencia. No se puede decir además que sean empresa muy raras. Creo que son empresas conocidas por todo el mundo, también durante aquellos años.

Además tengo que añadir que encontré un caso de una empresa excelente como Microsoft que hubiera sido una mala inversión si se hubiera comprado al final de la burbuja tecnológica de finales de los años 90. Si hubieras comprado Microsoft en 1999 a PER 60 tu rendimiento hasta la actualidad sería de un 5%. Es decir, no se hubiera conseguido batir a los índices, a pesar de que Microsoft ha crecido por encima de la media del mercado. Esto me lleva a aprender una importante lección: no comprar empresas que se encuentran claramente en burbuja. Sería incapaz de determinar un nivel de valoración estándar para afirmar que una empresa se encuentra en un nivel de burbuja. Hay empresas de gran crecimiento que pueden ser buenas compras a niveles de valoración bastante elevados.

Este pequeño análisis me sirvió además para entender por qué hay que mantener estas acciones de gran calidad aunque su valoración sea alta. Es muy probable que la rentabilidad que puedas esperar en los próximos años sea bastante interesante. Hay un refrán que dice: "no mires el tamaño del pescado, mira el tamaño del estanque". Lo importante de estas empresas no es el beneficio que generan este año, sino todos los que te pueden generar durante décadas. Son estanques que no paran de crecer y de generar riqueza para sus accionistas.

Piensa que, en el mundo de la inversión, por los buenos estanques hay que pagar un precio superior. Si te gusta el buen pescado, compra un buen estanque. Si te gustan los rendimientos constantes a largo plazo compra una buena empresa. Hazte esta pregunta: ¿Qué preferirías pagar poco por un estanque con un pez muy grande pero que va a ser poco productivo en los próximos años porque el agua es mala; o pagar un precio superior por un gran estanque que va a producir muchos peces y del cual te vas a poder abastecer durante muchos años?

Capítulo 18: ¿Es cada vez más difícil invertir a largo plazo?

Últimamente se ha comenzado a extender la idea de que cada vez es más difícil invertir en bolsa. Las empresas mueren antes y la posibilidad de una disrupción tecnológica es mayor. Es habitual que en los foros de debate suelan aparecer gráficos como el que presento a continuación, donde se puede ver claramente cómo la edad media de las empresas que cotizan en bolsa ha caído de manera drástica en los últimos 40 años.

Fuente: Boston Consulting Group

Si cogemos todas las empresas en conjunto y no entendemos las causas de este fenómeno, podríamos concluir rápidamente que la inversión a largo plazo es más complicada hoy que hace 40 años. En mi opinión, esta afirmación es discutible por las razones que voy a exponer a continuación.

La razón principal de que las empresas de media mueran antes es que cada vez hay un mayor número de empresas tecnológicas. Estas empresas están más basadas en la innovación y la posesión de activos intangibles. Es decir, son empresas que están en constante evolución y sus sectores tienen un dinamismo del que el resto de sectores carecen. La segunda razón podría ser un incremento del número de fusiones y adquisiciones, pero es un aspecto en el que no me voy a detener, ya que no me parece tan importante.

Realmente, las empresas que bajan la media son las empresas de tecnología o biotecnología. Las empresas de consumo básico, servicios y otros sectores más tradicionales, siguen teniendo una vida media bastante alta. Teniendo en cuenta este hecho, quizá podría existir una solución fácil para un inversor con un horizonte a largo plazo: evitar comprar empresas de tecnología y adquirir empresas de sectores más tradicionales, con una vida media superior. Este ha sido el planteamiento de muchos inversores, entre ellos el más famoso de todos, Warren Buffett.

Aunque no me parece una mala solución, en mi opinión no es la mejor. Es cierto, las empresas de tecnología y biotecnologías tienen una vida media inferior pero entre ellas se encuentran algunos de los mejores negocios que ha creado el ser humano. Si dejas fuera a este tipo de empresas jamás podrás invertir en Google, Apple o Microsoft que han sido de las empresas más rentables que han existido.

Warren Buffett de hecho ha reconocido últimamente que estaba equivocado con respecto a las empresas tecnológicas. Este año 2017 está invirtiendo activamente en Apple. Anteriormente lo hizo en IBM y Microsoft. Estas adquisiciones serían impensables para el Warren Buffett de hace 10 años. En una conferencia de este mismo año ha explicado por qué las grandes tecnológicas son unas empresas extraordinarias y podrían ser una gran oportunidad de inversión actualmente. Este es uno de los fragmentos de lo que dijo en aquella conferencia:

"Si tú coges Apple, Facebook, Microsoft o Google, observarás que estas empresas no requieren activos, no tienen inventario, no tienen cuentas a pagar y no tienen activos fijos. Estas empresas se encuentran en un modelo económico diferente, completamente distinto al de décadas anteriores. Son negocios que no necesitan capital. Creo que estos negocios son un regalo para los inversores, son extraordinarias oportunidades"

Básicamente son negocios que no necesitan casi recursos para crecer y que generan una rentabilidad enorme sobre el capital invertido. Este hecho es insólito si retrocedemos 40 años en el tiempo. Además algunos de ellos como Google o Facebook gozan de un monopolio prácticamente mundial. Muy pocas empresas a lo largo de la historia han gozado de unas cuotas de mercado tan enormes como tiene Google en prácticamente todos los países del mundo.

Mi opinión al respecto es que nos encontramos en un momento fantástico para cualquier inversor. Tenemos las empresas tradicionales y defensivas que probablemente sigan teniendo una vida media tan larga como siempre. Estoy pensando en el tabaco y en el consumo básico. Por otro lado está la nueva generación de empresas con un potencial inmenso de crecimiento y con capacidad para liderar el progreso que ocurrirá en las siguientes décadas. Es decir, podemos elegir lo que más nos interese. Creo que tener diferentes opciones siempre tiene que ser visto como algo positivo.

Otra crítica habitual a la inversión a largo plazo (también, en ocasiones, es utilizada como alabanza de la misma) procede de los estudios que analizan de forma comparativa el rendimiento de las acciones, bonos, el dólar y el oro. El siguiente estudio es uno de los tantos que se han hecho de este tipo.

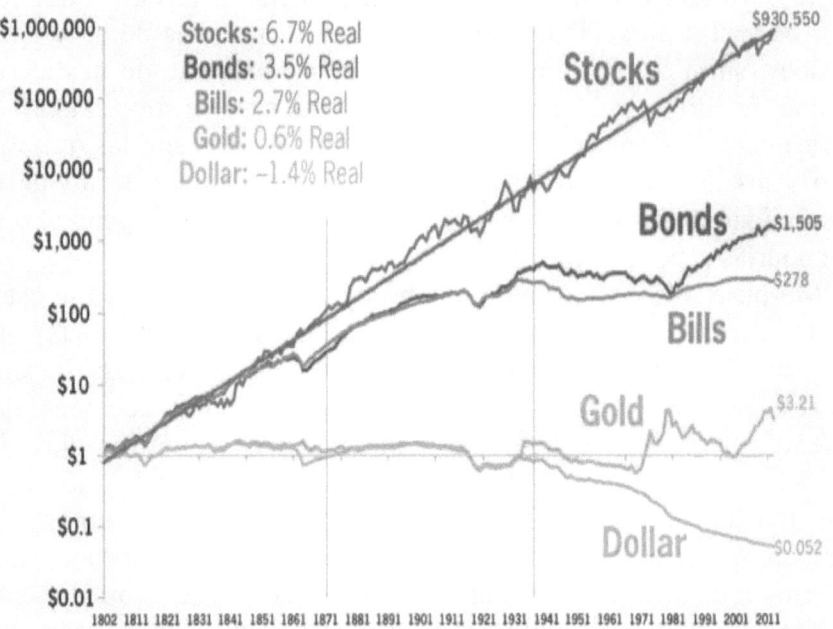

Gráfico extraído del libro Stocks For The Long Run, Jeremy Siegel

He decido escoger este estudio y no otro porque aparece el rendimiento real una vez descontada la inflación. El rendimiento real de las acciones es descomunal, un 6.7% anual. Es decir, si hubieras tenido todo tu dinero invertido en acciones tu poder adquisitivo se hubiera incrementado de media un 6.7% anual en los últimos 200 años. Cada 10 u 11 años habrías doblado tu poder de compra.

Aquí hay que hacer algunas matizaciones: en primer lugar estos estudios no tienen en cuenta las comisiones y los impuestos que siempre erosionan algo la rentabilidad general. Y, en segundo lugar, estaría el hecho de que estos estudios están basados en el mercado americano que ha tenido una evolución ligeramente mejor a otros mercados como el europeo o japonés. Aun con esas matizaciones, la diferencia con el resto de opciones de inversión es muy elevada.

Normalmente estos estudios suelen ser presentados para entender las bondades de la inversión en acciones a largo plazo. Pero también ocurre lo contrario. Hay muchos inversores que afirman que estos estudios son erróneos porque la mayor parte de las empresas de hace 80 años ya han quebrado. Es decir, si hubieras invertido todos tus ahorros en las 30 acciones principales del Dow Jones de hace unas décadas, simplemente hoy habrías perdido gran parte de tu dinero, porque la gran mayoría de esas inversiones ya no existirían. Básicamente las empresas que entran en los índices son las que van bien y las que salen son las que van mal. Eso quiere decir que la rentabilidad de los índices es superior a la de la bolsa en general o la que podrías esperar como inversor.

Me puse a investigar para comprobar si esta crítica podría estar en lo correcto. Después de leer mucho me encontré con un interesante estudio. El análisis se basa simplemente en desvelar qué hubiera pasado si se hubieran comprado las 500 acciones del SP&500 original y se hubieran mantenido hasta nuestros días. El Sp&500 se creó en 1957 y normalmente es el que se suele utilizar en este tipo de estudios. Los índices normalmente están incorporando nuevas acciones y sacando algunas fuera de los mismos. Los criterios utilizados para este tipo de movimientos son habitualmente de capitalización y de volumen de contratación. Muchas veces los índices incorporan acciones de moda y claramente en burbuja. El Ibex a lo largo de su historia ha tenido varios casos, como los de Terra o Astroc.

Las conclusiones del estudio son claras: si hubiéramos mantenido esas 500 acciones originales hasta nuestros días, hubiéramos batido al índice. Es cierto, de esas 500 acciones alguna de ellas habría quebrado pero este hecho se compensa con creces con aquellas que han obtenido unos rendimientos extraordinarios durante décadas. El estudio es algo antiguo y finalizaba en el año 2003. En él aparece un cuadro con las 20 mejores empresas en cuanto a rentabilidad del SP&500 original.

Rank Return	Rank Market Cap 1957	Original Name → 2003 Name (→ = Merger ▶ = Name Change)	Total Accumulation	Annual Return
1	215	Philip Morris ▶ Altria (2003)	4,626.40	19.75%
2	197	Abbot Labs	1,281.33	16.51%
3	299	Bristol Myers ▶ Bristol Myers Squibb (1989)	1,209.44	16.36%
4	487	Sweets Co. ▶ Tootsie Roll Industries (1966)	1,090.96	16.11%
5	143	Pfizer Inc.	1,054.82	16.03%
6	83	Coca-Cola	1,051.65	16.02%
7	117	Merck	1,032.64	15.97%
8	216	Pepsico	866.07	15.54%
9	239	Colgate-Palmolive	761.16	15.22%
10	275	Crane Co.	736.80	15.14%
11	277	Heinz	635.99	14.78%
12	188	Wrigley	603.88	14.65%
13	72	American Tobacco ▶ American Brands (1969) ▶ Fortune Brands (1997)	580.03	14.55%
14	180	Kroger Co.	546.79	14.41%
15	255	Schering Corp → Schering Plough (1971)	537.05	14.36%
16	31	Procter & Gamble	513.75	14.26%
17	227	Hershey Foods	507.00	14.22%
18	76	American Home Products ▶ Wyeth (2002)	461.19	13.99%
19	198	General Mills	420.49	13.77%
20	12	Royal Dutch Petroleum	398.84	13.64%

Table 5: Returns of the 20 top "Survivors"

Podría parecer que la diferencia entre un 8% nominal de rentabilidad que puede haber obtenido el índice durante esos años y el 13.64% que obtuvo la empresa número 20 de la lista, no es una diferencia tan importante para compensar a las empresas quebradas. Imaginemos que invertimos 10.000 dólares en el SP&500 y 10.000 dólares en Royal Dutch Petroleum en 1957 y mantenemos las acciones hasta 2003. Esos 10.000 dólares invertidos en 2003 en el índice general serían 372.320 dólares. En Royal Dutch Petroleum serían 4.073.498 dólares. Si ya hacemos la comparativa con Altria-Philip Morris los 10.000 dólares se habrían convertido en 47.747.379 dólares. Es decir, sólo con la inversión en Altria-Philip Morris se habría compensado la quiebra de 128 empresas. Si hubieras comprado Altria-Philip Morris y otras 128 empresas que hubieran quebrado a los largo de todos esos años habrías conseguido igualar la rentabilidad del índice. Así funciona el poder del interés compuesto y es por ello que es tan importante conservar las acciones durante años.

Capítulo 19: Tamaño ideal de una empresa

Una de las discusiones más habituales en el mundo de la inversión es qué tipo de empresas son mejores, pequeñas o grandes. La respuesta a este debate como muchas veces ocurre es: depende. La ventaja de las empresas grandes es que, en general, suelen ser más seguras, ya que suelen disponer de mayores recursos y un historial más abultado. Además es más sencillo encontrar información referente a las empresas grandes.

Las empresas pequeñas por su parte suelen presentar más potencial de revalorización, ya que tienen más posibilidades de conseguir un crecimiento más abultado que las empresas grandes. A veces también en las empresas pequeñas se dan situaciones de valoraciones excesivamente bajas, ya que por normal general suelen ser mucho menos seguidas por los analistas y fondos de inversión. En conjunto las empresas pequeñas suelen tener unos rendimientos mayores que las empresas grandes.

Lo que acabo de señalar en los dos primeros párrafos son generalizaciones que están sujetas a diversas matizaciones. No siempre porque una empresa sea pequeña se puede pensar que va a crecer más que una grande. Depende del sector en el que se encuentre, el mercado potencial al que puede acceder y la calidad del negocio.

A igualdad de condiciones (mismo sector y calidad del negocio), una empresa pequeña tendrá más posibilidades de crecer que una empresa grande, ya que su mercado potencial de crecimiento será mayor. Es decir, una empresa de software pequeña de la misma calidad tendrá más posibilidades de crecer que una empresa de software grande, ya que su mercado potencial es mayor. Todo ello teniendo en cuenta que ambas compañías ofrezcan aplicaciones y servicios similares.

Sin embargo, cuando observamos sectores diferentes no se cumple esta regla. Existen grandes empresas con un gran potencial de crecimiento, como puede ser Paypal, Visa o Mastercard. Por otro lado, también existen empresas pequeñas con un potencial de crecimiento bajo como puede ser Baron de Ley.

Para una persona que empiece a invertir yo le recomendaría que se fijara en las grandes empresas, a poder ser en aquellas en las que es cliente. Incluso le recomendaría que se fijara en las empresas por las que siente una cierta admiración y que se encuentren en su círculo más cercano.

Si de todas formas estás interesado en invertir en empresas de pequeña capitalización me gustaría darte algunos consejos para tener éxito en tu aventura. En primer lugar te diría que en las empresas que reparten dividendos suele haber una menor probabilidad de fraude. Siempre que estos dividendos no provengan de emitir nueva deuda o realizar ampliaciones de capital, puedes considerarlo como un seguro antifraudes. Un estafador busca quitarte el dinero, no tiene mucho sentido que te dé dinero.

La segunda recomendación sería que las empresas no emitieran acciones a través de las famosas ampliaciones de capital. Da igual lo interesante que parezca el proyecto. Una empresa que está constantemente pidiendo dinero a sus accionistas, por norma general suele ser un mal indicio.

Para finalizar le voy a explicar la tercera de las recomendaciones que puede ser un factor diferenciador en su éxito como inversor en Small Caps: invertir en empresas familiares, donde los directivos sean los principales accionistas. Esto hace que las decisiones que se tomen estén basadas en el interés de la empresa, ya que el propio dinero de los directivos es el que estará en juego. En el mundo de la inversión se suele decir que existe una alineación de intereses entre los accionistas y los directivos. Normalmente las empresas familiares suelen pensar más en el largo plazo y no en el bonus que van a obtener por incrementar las ventas un porcentaje determinado.

En el siguiente gráfico, obtenido de un estudio de Bloomberg, se puede observar cómo las empresas familiares suelen tener una evolución mejor que un índice general como el MSCI.

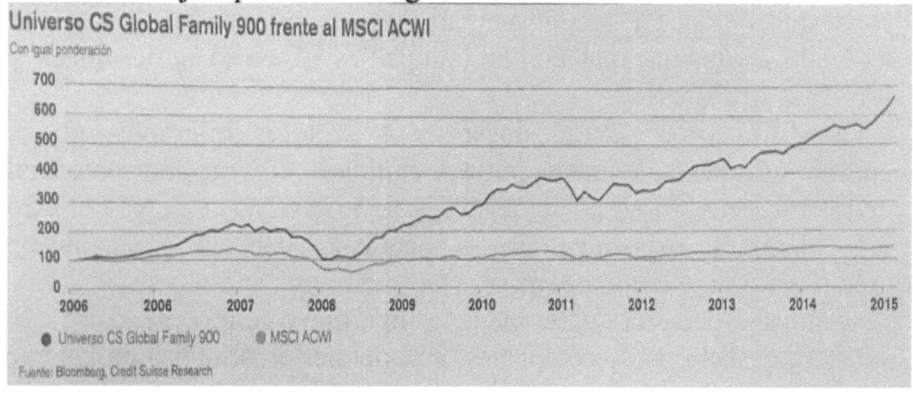

Si queremos afinar un poco más la búsqueda, yo recomendaría además comprar empresas donde su fundador sea el principal accionista. Es decir, empresas familiares que sigan siendo dirigidas por la primera generación.

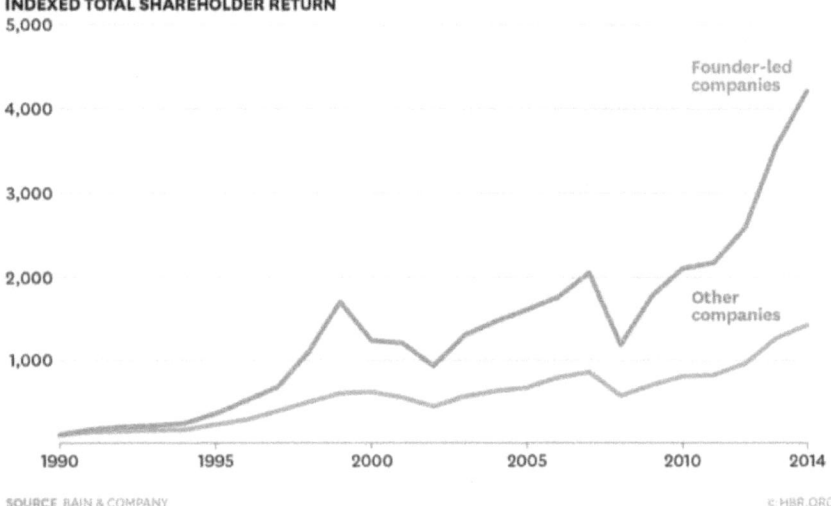

Los fundadores suelen tener más cuidado con su empresa que el que tienen los herederos ya que ellos le dan un mayor valor. Es una creación propia y, además, tienen un conocimiento mayor de la empresa y del sector. Hay numerosos estudios que confirman que las empresas familiares dirigidas por su fundador obtienen unos mejores resultados que aquellas dirigidas por los herederos.

Algunos ejemplos de empresa familiares españolas son: Baron de Ley, Inditex, Prosegur, Altia y Grifols.

Capítulo 20: Invertir en empresas poco intensivas en capital

Uno de los aspectos más importantes a la hora de invertir es hacerlo en empresas no muy intensivas en capital. Es decir, aquellas empresas que necesitan mucho capital para desarrollar su actividad, les suele costar más crecer. Sectores como el ferrocarril o las empresas de hospitales son muy estables, ya que gozan de pequeños monopolios en las ciudades y zonas donde operan. Pero, por otro lado, su expansión está muy limitada por el gran coste de construir un nuevo hospital o vía ferroviaria.

Otros ejemplos clásicos de empresas muy intensivas en capital serían las aerolíneas y las empresas de telecomunicaciones. En general, nunca serán los sectores más rentables del mercado, por esa gran limitación que tienen a su crecimiento. En estos sectores a veces surgen buenas oportunidades de inversión como Ryanair. Esta aerolínea de bajo coste tiene una ventaja competitiva sobre el resto de aerolíneas, debido al menor coste por pasajero que tiene que soportar. Es decir, es el operador más eficiente del mercado.

La inversión en capital es una de las razones que explica el hecho de que las empresas de software sean mejores que las empresas de hardware. Requieren menos inversión y la distribución de sus productos es mucho menos costosa. Tiene prácticamente el mismo coste distribuir 100 productos de software que 100.000. Además, las empresas de software no requieren tener inventario. Sin embargo, las empresas de hardware sí tienen un inventario físico que, en ocasiones, presenta ciertos problemas de obsolescencia tecnológica. Es decir, si esos productos se quedan anticuados, la empresa deberá asumir unas pérdidas importantes ya que le será muy complicado sacar al mercado esos productos.

La manera más sencilla de distinguir entre negocios intensivos en capital y aquellos que no lo son es comparar el capex con el cash flow operativo. Estas medidas se pueden encontrar en el estado de flujos de caja. Si el capex es bajo con respecto al cash flow operativo, estaríamos ante empresas poco intensivas en capital. Si el capex está por debajo del 20% con respecto al cash flow operativo, se puede decir que es una empresa poco intensiva en capital.

Para finalizar voy a nombrar algunos ejemplos de empresas poco intensivas en capital: Visa, Mastercard, Amadeus IT, Altria, Adobe y Oracle. Todas estas empresas tienen un porcentaje capex comparado al cash flow operativo menor al 20%. En algunos casos es aproximadamente un 5%. Es muy probable que estos negocios tengan la gran ventaja de generar crecimiento sin tener que invertir una porción importante del dinero obtenido de su actividad económica.

Capítulo 21: Mercados segmentados

Otro de los lugares más fértiles para encontrar oportunidades de inversión es en los mercados segmentados. Es decir, en aquellos lugares donde hay una gran cantidad de nichos de negocio. En cada una de estas parcelas suele haber un dominador claro del mercado. En ocasiones nos encontramos con posiciones competitivas monopolísticas.

Uno de los sectores en el cual es más evidente esta máxima, es el sector de la automoción. Por norma general, las empresas de piezas de coche suelen ser más rentables que las empresas que venden coches. Es decir, las grandes empresas de automoción para un inversor no son General Motors, Volkswagen o Renault. Más bien serían nombres menos conocidos como Cie Automotive, Mgi Coutier o Plastic Omnium. Fabricar un automóvil es muy complicado, ya que son necesarias unas 80.000 piezas de media. Es decir, fabricar un coche es tremendamente complicado. Esto hace que los costes de distribución y montaje se disparen. Sin embargo, la producción en cadena de una pieza de coche es mucho más sencilla. En el mercado de piezas de coche hay muchos nichos que son aprovechados por pequeñas empresas que gozan de una gran rentabilidad, en ocasiones, líderes claros. Es decir, para los parabrisas hay un líder claro de mercado, para las pastillas de freno otro, etc.

En el sector ferroviario también se da esta paradoja. La empresa más rentable de sector es la líder en producir sistemas de frenado de trenes, Westinghouse Air Brake (WAB). Esta empresa goza de un pequeño nicho donde posee una gran cuota de mercado a nivel mundial, lo que le permite subir los precios año a año sin que sus productos pierdan demanda. Por otro lado, las empresas productoras de vagones de tren, como Talgo, se ven obligadas a competir unas con otras sin que exista un dominador claro del mercado.

Para finalizar, me gustaría nombrar otro sector interesante y tremendamente segmentado: el software vertical. En primer lugar, me gustaría explicar la diferencia entre software vertical y horizontal. El software horizontal es aquel que se puede usar en todas las empresas con independencia del sector. Por ejemplo, el software de Windows o de Oracle. El software vertical es aquel específicamente diseñado para un sector en concreto. Por poner un ejemplo, un software diseñado específicamente para los talleres de coches. Este software sólo se podría usar para ese sector, lo que hace que existan multitud de nichos en el mundo del software vertical. Algunas empresas interesantes de software vertical son: Constella-tion Software, Dassault Systemes y Nemetscheck.

Recuerda que todo gran imperio empresarial ha comenzado dominando un pequeño nicho. Lo más importante como organización es dominar el mercado en el que te encuentres. En el mundo de la inversión, a veces las pequeñas cosas son más efectivas que las grandes.

Capítulo 22: Mercados de competencia monopolística

Un mercado de competencia monopolística es aquel donde existe una gran cantidad de productores actuando sin que exista un control dominante de ninguno de ellos. La clave de este tipo de mercados es que los productos no son iguales y se diferencian entre sí por la marca, calidad o ubicación.

En ocasiones, las grandes oportunidades de inversión no surgen en los monopolios u oligopolios sino en mercados con una mayor competencia donde el mejor productor tiene grandes posibilidades de crecer y expandir su dominio. Hay empresas que gozan de posiciones prácticamente monopolísticas pero que no pueden crecer porque el resto de mercados tienen barreras igual de grandes que las que protegen a sus negocios.

Un caso que se amoldaría perfectamente con esa definición es los operadores de los mercados de valores. Empresas como Bolsas y Mercados o Nasdaq Inc gozan de una posición monopolística en su mercado pero les es muy complicado crecer porque el resto de mercados están controlados por otros operadores igual de fuertes. La única manera de crecer en este sector más allá de los dominios de cada empresa es mediante adquisiciones y fusiones.

En el mundo de la inversión se suele utilizar la metáfora del foso de un castillo para definir a una empresa que posee un monopolio y, por tanto, tiene una ventaja enorme con respecto a sus competidores. Es decir, el resto de empresas no pueden atacar el castillo. Usando está metáfora voy a explicar en qué consiste la idea de este capítulo.

Imaginemos un reino donde hay tres pueblos. Estos tres pueblos tienen castillos con fosos enormes. Puedes sentirte seguro como pueblo, ya que los demás no te van a atacar al disponer de un gran foso. Pero este hecho tiene una contrapartida, no puedes extender tus dominios, ya que los demás también tienes fosos inexpugnables.

Ahora imagina un caso distinto. Un reino con tres pueblos donde los fosos no son tan profundos y entre los pueblos puede haber posibles conquistas. Pero a la vez mi pueblo parte con una importante ventaja: mi aldea tiene los mejores guerreros, las mejores armas y las mejores mentes estratégicas para idear un plan. ¿Cuál será el resultado más probable? El desenlace más probable será que mi pueblo acabe aplastando a los otros dos y, finalmente, consiga hacerme con la posesión de todo el reino.

Voy a explicarlo con dos ejemplos de empresas reales conocidas por todo el mundo. El primero es el caso de Inditex. Esta empresa textil opera en un mercado altamente competitivo donde es fácil ser atacado por la competencia. Sin embargo, al ser un mercado con bajas barreras de entrada, es fácil extender el negocio por casi todos los países del mundo. Inditex basa su ventaja en una gran distribución, mejor que la de la competencia, y en ser capaz de renovar las colecciones que muestra en las tiendas cada dos semanas. Es decir, es capaz de reaccionar mejor a lo que piden sus clientes. Esta ventaja le permite ser la mejor en su sector y al no existir grandes barreras de entrada continúa expandiendo su negocio por todo el mundo. La cotización de las acciones de Inditex desde que saliera a bolsa en 2001 se ha multiplicado casi por nueve, todo ello sin contar los dividendos que la empresa ha repartido todos estos años.

Otro ejemplo que se ajustaría con este tipo de oportunidades de inversión sería Apple y su modelo de teléfono iPhone. El mercado de los teléfonos móviles es altamente competitivo a nivel mundial. La ventaja de Apple con respecto a otras marcas reside en su mejor diseño junto con una integración casi perfecta entre el software y el hardware. Además, Apple es una de las marcas más conocidas del mundo y sus consumidores asocian a la marca Apple valores de innovación, modernidad y calidad.

Un buen inversor debe buscar por norma general, empresas con un foso enorme y que operen en sectores monopolísticos. Sin embargo, no debe cerrar los ojos a las oportunidades que pudieran surgir en mercados con una mayor competencia. En ocasiones aparecen empresas excepcionales como Inditex o Apple.

Capítulo 23: Ingresos recurrentes y alta retención de clientes

Algunas de las mejores empresas del mundo se pueden encontrar entre aquellas que tienen un porcentaje importante de sus ingresos producidos de forma recurrente. Es decir, cuyos ingresos no provienen en su mayor parte de vender productos, sino de mantener a los actuales clientes y ofrecerles servicios de mantenimiento.

Este tipo de empresas tienen la ventaja de disfrutar de unos ingresos muy estables y seguros. Sus clientes suelen ser los mismos año tras año. El ejemplo clásico es el de la típica empresa de ascensores y escaleras mecánicas. Empresas como Kone Corporation, Schindler y Assa Abloy no obtienen la mayor parte de sus beneficios de vender ascensores, sino de los ingresos obtenidos por el mantenimiento que hay que realizar todos los años. Existe un elevado coste de cambio en este sector, ya que instalar un nuevo ascensor o escalera mecánica es muy caro.

Otras empresas con unos ingresos recurrentes muy altos son las empresas de bombas de fluidos. Empresas como Rotork o Spirax-Sarco gozan de unos ingresos recurrentes cercanos al 85%. Similares a las de las empresas de ascensores.

Otro buen sector para buscar más ejemplos de este tipo podría encontrase en las empresas de servicios financieros como Jack Henry&Associates, Fiserv o Factset. Estas empresas gozan de una retención de sus clientes superior al 90%. Son empresas esenciales para las entidades financieras ya que a través de sus soluciones se maneja la información financiera y las bases de datos. Las entidades financieras no pueden prescindir de los servicios de estas empresas y es muy costoso cambiarse a la competencia.

Por último me gustaría destacar a las empresas que producen aparatos e instrumental médico. Empresas con Danaher o Dentsply Sirona producen costosos aparatos médicos, que requieren un mantenimiento y que son difíciles de sustituir. Esto hace que gran parte de sus ingresos sean altamente recurrentes y provengan de los clientes habituales.

Capítulo 24: La empresa más exitosa del mundo y los mejores sectores

En primer lugar voy a mostrar un estudio de la rentabilidad de las industrias y sectores a lo largo de períodos extensos de tiempo. El sector del tabaco ha sido históricamente el más rentable de todos. Credit Suisse publicó un informe donde analizaba la rentabilidad de algunas industrias importantes entre 1900-2010. En este gráfico se puede ver la evolución de 1 dólar invertido en cada una de estas industrias.

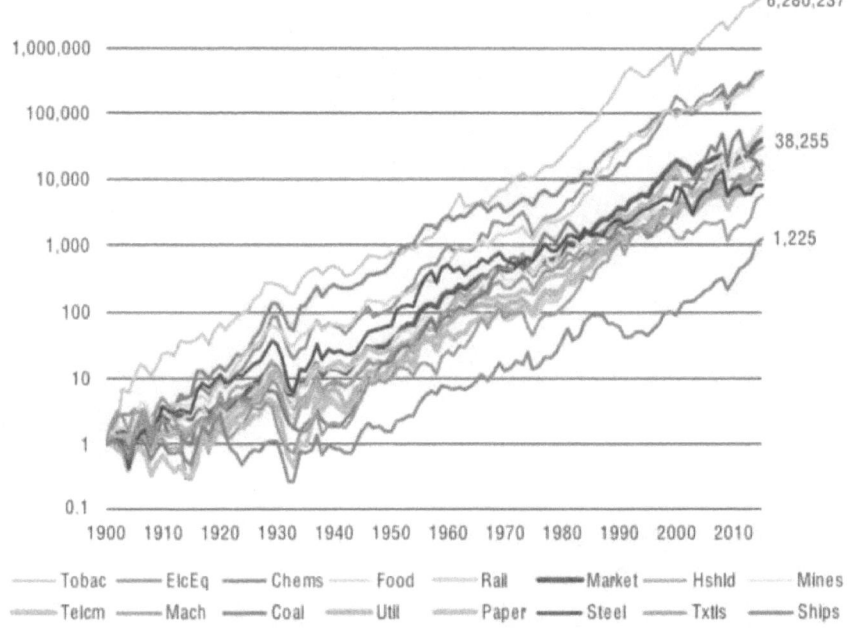

Si hubieras invertido 1 dólar en 1900 en la industria del tabaco, y lo hubieras conservado hasta 2010, tendrías 6.280.237 dólares. Una rentabilidad del 15-16%. Los otros 3 mejores sectores hubieran sido la alimentación, la química especializada y la industria de la electricidad. La rentabilidad de estas 3 industrias hubiera estado cercana al 13%. Me gustaría añadir otra industria que no aparece en este estudio: la industria de defensa y aeroespacial que ha obtenido una rentabilidad media de un 13-14%, según diversos análisis históricos

Si nos vamos a un ámbito más general, hay otro interesante estudio que muestra la rentabilidad entre 1963 y 2014 de sectores enteros. En estos sectores se incluyen una gran cantidad de industrias. El mejor sector es el de Consumer Staples con una rentabilidad media de 13,33%, seguido del sector de la salud con un 12.52%. En el sector de Consumer Staples está incluido el tabaco, alimentación, bebida y supermercados.

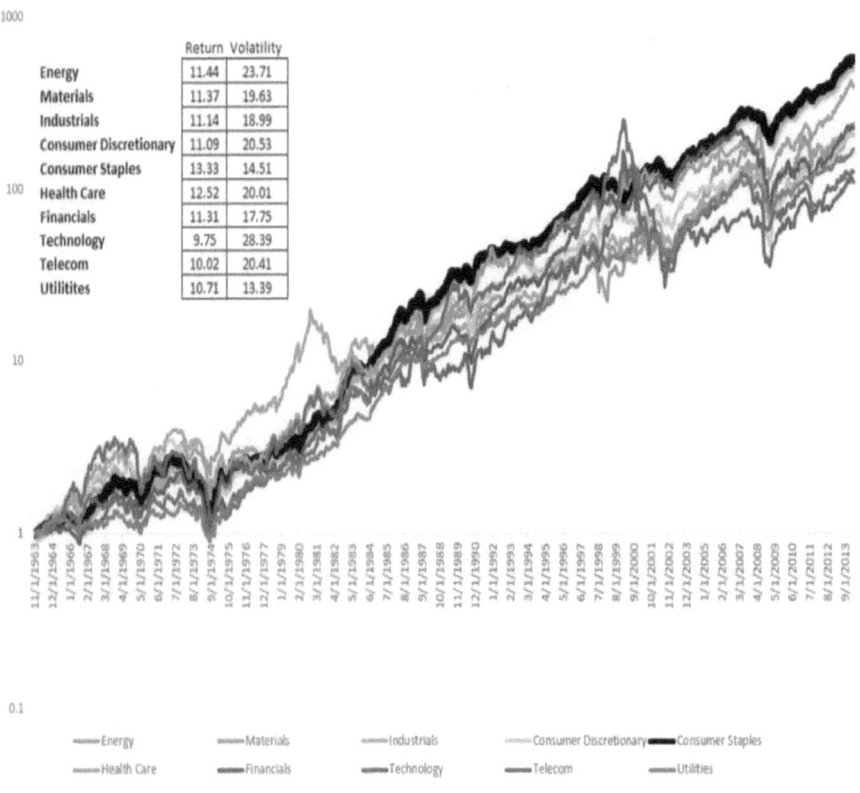

Fuente: http://investorfieldguide.com/

He decidido mostraros estos estudios porque pienso que es una información relevante que todo buen inversor debe tener presente. Invertir en un buen sector siempre te dará un plus a la hora de conseguir rentabilidades interesantes. Aunque, como se puede observar en los gráficos, estos sectores tienen altibajos importantes, habiendo periodos largos de 10 o 15 años donde cualquiera de estos sectores puede ser el mejor. Invertir en buenos sectores e industrias pone las probabilidades de éxito más a tu favor.

Dentro de todas estas industrias y sectores ha habido una acción que ha destacado sobre todas las demás y es la actual Altria. Probablemente la empresa que mayor rentabilidad haya obtenido durante décadas. Antes era conocida como Philip Morris. Esta empresa posee una cuota de mercado del 50% en el sector del tabaco en Estados Unidos.

Según un estudio elaborado por el profesor Jeremy Siegel, 1 dólar invertido en Altria (Philip Morris) en el período 1968-2014, habría obtenido una rentabilidad del 20.6%, si incluimos los dividendos. En el siguiente gráfico se puede observar la comparación entre 1 dólar invertido en Altria y otro invertido en el S&P 500 en dicho período. La diferencia es muy notable debido al efecto del interés compuesto.

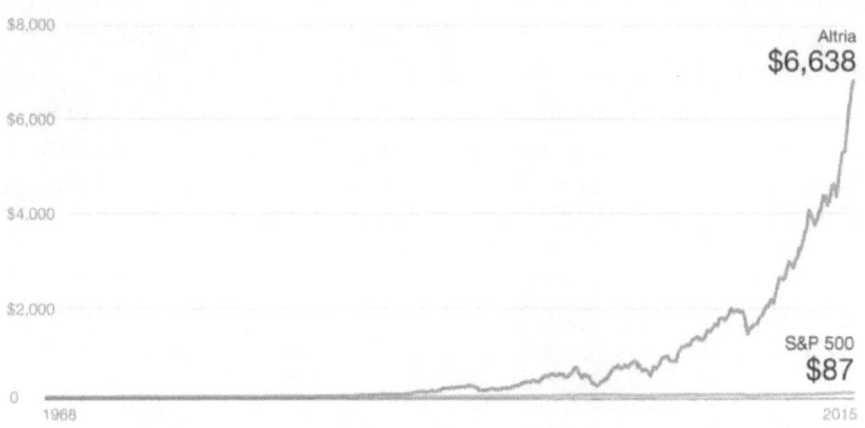

Esta extraordinaria rentabilidad no es apreciable en los típicos gráficos de las principales páginas financieras, que muestran la cotización de la empresa, ya que Altria ha realizado numerosos spin-offs a lo largo de estos años. Los spin-offs son escisiones de partes de la empresa que empiezan a operar de forma independiente. En el cuadro del final del capítulo aparecen resumidos todos estos movimientos corporativos.

Los movimientos más importantes serían el spin-off de Kraft Food en 2007 y el de 2008 de Philip Morris. La rentabilidad del

20.6% se habría obtenido manteniendo todas estas acciones en cartera y reinvirtiendo los dividendos que generan estas divisiones. Una de las grandes enseñanzas que debe aprender cualquier buen inversor es no vender, especialmente si somos inversores particulares.

Las características que convierten a Altria en una acción única son: negocio poco intensivo en capital, alta retención de sus clientes, sector sencillo con una baja innovación tecnológica, capacidad de fijación de precios y alto poder de mercado. Es decir, Altria tiene muchos de los atributos que definen a una buena empresa y que hemos nombrado con anterioridad. Se puede decir que es un compendio de virtudes empresariales. Las empresas de tabaco son de las que más dividendos reparten porque tiene que invertir muy poco dinero para mantener su negocio funcionando.

El coste de fabricar una cajetilla de tabaco es muy bajo respecto al precio de venta al público. Quizás el sector del tabaco tiene un inconveniente en la actualidad y es que el consumo en los países desarrollados está disminuyendo debido a los efectos nocivos que tiene contra la salud y a las diferentes campañas sanitarias que promulgan una disminución del consumo. Sin embargo, hay que decir que el sector ha sabido compensar este descenso del consumo con un incremento de precios y un mayor número de fumadores en los países menos desarrollados. Sin más, os dejo con el cuadro que resume la intensa actividad corporativa de Altria desde 1988.

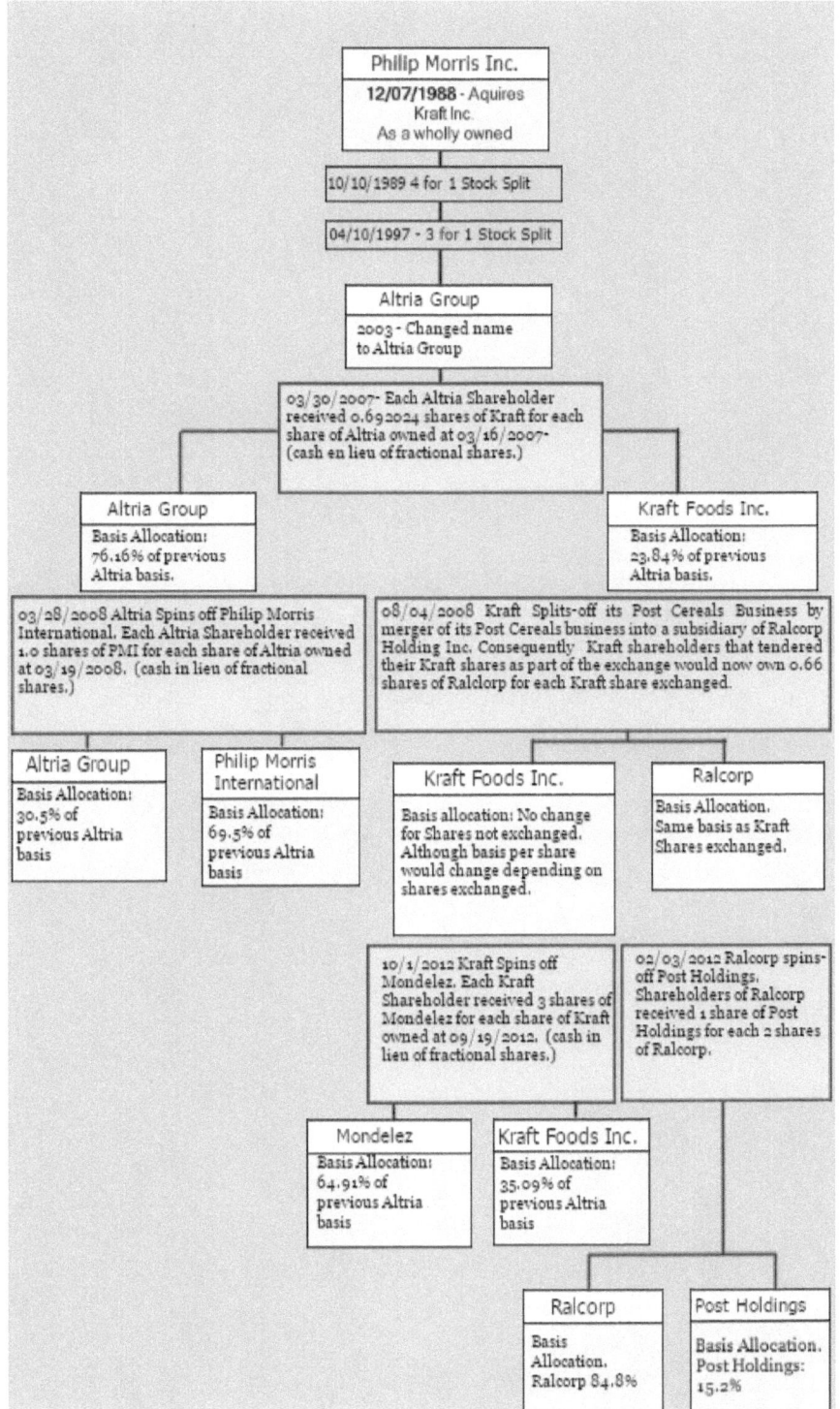

Fuente: www.cost-basis-charts.com

Capítulo 25: Fondos de inversión e inversión pasiva

En el siguiente capítulo voy a explicar por qué en mi caso prefiero invertir en acciones respecto a otras posibilidades como puede ser la inversión pasiva (ETFs) o los fondos de inversión. Lo primero que me gustaría decir es que la inversión pasiva y los fondos de inversión tienen unos costes superiores: los fondos de inversión entre un 2-3% de gastos de gestión que hay que pagar a la persona o personas que dirigen el fondo y la gestión pasiva entre el 0,1-1%.

La ventaja que puede aportar un fondo de inversión desde el punto de vista fiscal en España con respecto a las otras dos alternativas, para mi forma de ver la inversión, carece de sentido. En España se puede pasar de un fondo de inversión a otro sin tener que tributar por las ganancias. Si mi objetivo es no vender, no supone ninguna ventaja.

Los fondos de inversión son una peor opción con respecto a la inversión pasiva debido a que los costes son superiores. Está demostrado que la gestión pasiva supera a la mayor parte de fondos de inversión debido a su menor carga de gastos de gestión. Es más difícil de lo que parece elegir a un gestor que sea capaz de batir a los índices y a la gestión pasiva en su conjunto. En Estados Unidos y en Europa en menor medida, se está produciendo un trasvase importante de dinero de la gestión activa a la pasiva precisamente por los motivos que acabo de nombrar.

Me encuentro entre los que defienden a la gestión pasiva como una buena alternativa para todos aquellos que no quieran complicarse eligiendo entre una acción u otra, o buscando a un gran gestor que sea capaz de batir a los índices de forma consistente. No creo que exista una burbuja en la gestión pasiva, simplemente se puede decir que es un mejor producto que la gestión activa. Con ello no quiere decir que no existan grandes fondos de inversión que justifiquen sus elevadas comisiones, pero he de decir que son una minoría.

La única ventaja que veo que pueden aportan los fondos de inversión y los ETFs sobre las acciones es que otorgan una mayor diversificación. Con un ETF puedes comprar un índice entero con decenas o cientos de acciones. Un fondo de inversión igual, tiene decenas de acciones en sus carteras. Todo esto era en un primer momento hasta que con el tiempo descubrí que algunas de las empresas cotizadas son auténticos fondos de inversión encubiertos. Sus tentáculos se extienden tan lejos, tienen tantas subsidiarias, que la diversificación obtenida al invertir en estas empresas es más que suficiente. Con ello además te ahorras la comisión de gestión, alta en el caso de los fondos de inversión o más baja en los ETFs. ¿Por qué pagar por algo que puedes obtener gratis? Para ilustrarlo voy a exponer dos casos y mostrar sus correspondientes gráficos. Probablemente sea más sencillo de entender de forma visual.

En primer lugar, me gustaría mostraros el siguiente gráfico donde se pueden observar todas las subsidiarias y marcas controladas por las grandes empresas de consumo. Al comprar acciones de Nestlé, por ejemplo, estás invirtiendo en decenas de empresas con sus correspondientes marcas. Creo que la diversificación conseguida es muy elevada. Tener algunas de estas empresas en cartera es el equivalente a poseer una porción bastante grande de todo el consumo mundial en bienes básicos.

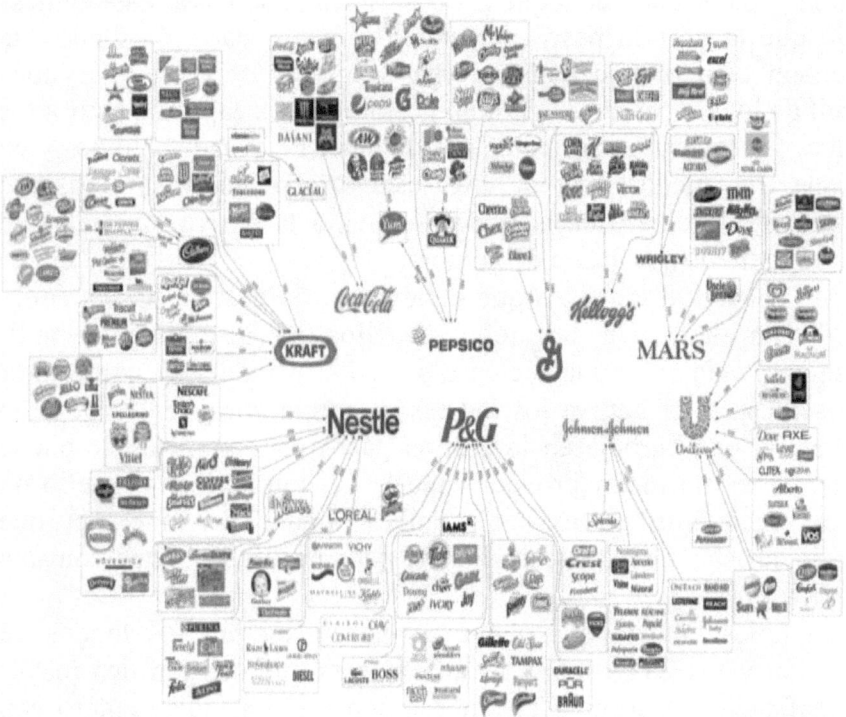

Fuente: Forbes.com

Hay que pensar, además, que existen múltiples empresas cotizadas que tienen la estructura de un holding. El caso más famoso es el de Berkshire Hathaway, el holding empresarial de Warren Buffett. Este holding posee más de 200 compañías que operan prácticamente de forma independiente. Es decir, es muy probable que estando invertido en Berkshire Hathaway estés más diversificado que en muchos fondos de inversión tradicionales.

El segundo caso que os quería mostrar es la empresa que surgió en 2016 de la fusión de ABInBev y SAB Miller. La empresa resultante llamada Anheuser Busch Inbev (BUD) controla aproximadamente el 30% de todo el consumo mundial de cerveza. En el gráfico del final del capítulo se puede observar la gran cantidad de marcas que ha pasado a controlar esta empresa. En algunos países la cuota de mercado de alguna de estas marcas está cercana al 90%. Creo que el pequeño defecto de diversificación que tienen las acciones con respecto a la gestión pasiva y los fondos de inversión se atenúa con este tipo de grandes conglomerados.

Fuente: www.marketwatch.com

Conclusión

Para finalizar el libro me gustaría indicaros algunos pequeños consejos a la hora de empezar a invertir. En primer lugar, me gustaría recomendar que forméis una cartera con algo de diversificación. Con 15 o 20 valores sería más que suficiente. Siempre formada por las mejores acciones que conozcáis. A lo largo del libro os he mostrado algunas empresas interesantes con las que formar esa cartera. Luego el largo plazo y la generación de valor de las empresas es la que os dará una rentabilidad satisfactoria a largo plazo. Hay que olvidar la volatilidad de corto plazo, tener paciencia y no querer enriquecerse rápidamente.

Recuerda que lo que define a un inversor es su cartera, no el apellido que te pongas. En la actualidad está muy de moda ponerse el apellido Value. Todo el mundo quiere denominarse Value Investor. Es un método que ha funcionado en el pasado y vende. Realmente puedes definirte como quieras, lo único relevante con el paso del tiempo respecto a tu rentabilidad, va a ser tu cartera.

La inversión en los mercados financieros desde una perspectiva empresarial y a largo plazo tiene la gran suerte de poner las matemáticas a su favor. Es decir, no es necesario acertar en todas las inversiones que se realicen. Si fallas en una inversión puedes perder el 40-50%, pero si aciertas puedes multiplicar por varias veces tu inversión. De hecho se han escrito algunos libros contando las características de las empresas que han multiplicado su valoración por 100 o más. Ha habido centenares de empresas a lo largo del siglo XX que han multiplicado su valor por más de 100. Es por ello que recomiendo una cartera diversificada aunque se tenga que invertir menos dinero en cada acción, porque los aciertos serán mucho más importantes que los fallos.

Me gustaría finalizar el libro con una historia para mostraros que, desde mi punto de vista, es un error intentar buscar una fórmula mágica. Una cartera de inversión diversificada con múltiples opciónes es algo que debe ser visto de forma positiva. Las lecciones aprendidas a raíz de esta historia se las llegó a denominar como la paradoja del filtro de Unilever dentro del ámbito empresarial.

Unilever tenía un problema a la hora de producir detergente en polvo. Disponía de un filtro que producía granos de detergente de diferentes tamaños y que, además, se atascaba con relativa facilidad.

Era costoso en términos de mantenimiento, tiempo y la calidad del producto no era la mejor.

La empresa se propuso resolver el problema y contrató a un grupo de matemáticos. Este grupo de matemáticos era realmente excepcional: comprendían la dinámica de fluidos y otros aspectos del análisis químico. Se puede decir que eran los tipos más listos que se podían encontrar en aquel momento. Crearon múltiples ecuaciones complejas y tras un gran número de reuniones lograron un diseño nuevo y mejorado para el filtro.

Cuando la empresa probó el nuevo filtro, este seguía sin funcionar. Se atascaba y los granos de detergente seguían siendo irregulares. Los responsables de Unilever estaban desesperados y decidieron contratar a otro tipo de expertos: un grupo de biólogos.

Estos biólogos no eran expertos en la dinámica de fluidos ni entendían de fórmulas complejas pero tenían algo que el grupo de matemáticos no poseía. Comprendían la importancia del ensayo, acierto y error. Los biólogos, por la rutina de su trabajo, están habituados a probar una gran cantidad de alternativas hasta alcanzar aquella que tiene un rendimiento óptimo.

Cogieron diez copias del filtro original y le hicieron pequeñas modificaciones. Al probarlos, sólo uno de los diez mejoraba levemente el original, entre 1-2%. Sobre ese modelo levemente mejorado hicieron decenas de modificaciones hasta que finalmente encontraron uno que era mucho mejor que el original.

La moraleja de esta historia es que empieces a invertir cuanto antes y a interactuar con el mundo real. Desde luego, cometerás errores pero todos en el mundo de la inversión los cometemos de forma periódica. No hay una fórmula mágica. Lo que sí es cierto es que al ponerte del lado de las empresas estarás invirtiendo tu dinero de forma inteligente, ya que las empresas son las que generan valor y con las que se puede obtener una rentabilidad interesante. Piensa que eres un empresario que posee porciones de algunas de las mejores empresas del mundo.

Agradecimientos y Contacto

Me gustaría dar un agradecimiento a todas las personas que han leído este libro siendo un autor desconocido.

Me sería de gran ayuda que todo aquel al que le haya gustado el libro deje una valoración en Amazon. Prácticamente no voy a hacer marketing del libro y tener comentarios en Amazon es fundamental para difundirlo.

Si desea enviarme algún comentario, sugerencia o cualquier idea que le apetezca compartir, será bienvenida a través de mi email: davidbbgg@hotmail.com

Bibliografía recomendada

BÁSICOS
Stocks For de long Run Jeremy Siegel
Jobs Walter Isaccson
Buffettología, Mary Buffett
El inversor inteligente, Benjamin Graham
Beating The Street, Peter Lynch
100 baggers, Christopher Mayer
Nunca te pares, Phil Knight
De cero a uno, Peter Thiel
El hombre más rico de Babilonia, George S.Clason
Made in America, Sam Walton
The Little book that builds wealth, Pat Dorsey
Invertir a contracorriente, Anthony Bolton
Un paso por delante de Wall Street, Peter Lynch

AVANZADOS
Security Analysis, Benjamin Graham
El Cisne Negro, Nassim Taleb
Los Innovadores, Walter Isaacson
The outsiders, Thorndike
Pensar rápido, pensar despacio, Daniel Kahneman
Predictably Irrational, Dan Ariely
Estrategias de inversión a contracorriente, David Dreman
La estrategia del océano azul, W. Chan kim
Acciones ordinarias y beneficios extraordinarios, Philip Fisher

www.ingramcontent.com/pod-product-compliance
Lightning Source LLC
Chambersburg PA
CBHW031438210526
45464CB00005B/2245